KB269228

질문의 숲

질문의 숲

김종원 지음

질문의 수준이 높아지면
인생의 수준도 높아집니다

"막연히 살아만 가는 것은 스스로에 대한 모독인 걸 왜 몰랐을까?"

여러분, 이건 과연 누가 한 말일까요? 세계 최고의 기업가? 아니면 위대한 철학자? 놀랍게도 여러분이 잘 알고 있는 방탄소년단(BTS)의 멤버 RM이 남긴 말이에요.

한번 생각해 보세요. 수많은 연습생 중에 선택되어서 데뷔한다는 건 정말 어려운 일입니다. 게다가 데뷔한다고 모두 인기를 얻게 되는 것도 아니죠. 그중 99퍼센트는 이름을 남기지 못하고 사라지는 게 현실이니까요.

RM이 남긴 질문은 그래서 더 귀한 가치를 품고 있습니다. 자신이 왜 살아야 하는지를 제대로 알고 있는 사람은 어떤 고통이나 고난이 찾아와도 그걸 이길 힘을 갖고 있다는 것을 보여주니까요. 힘든 일이 있을 때마다 RM은 자기 자신에게 던진 질문을 통해서 멋지게 이겨냈고, 지금 우리가 알고 있는 세계적인 스타가 되었습니다.

여러분의 하루는 어떤가요? 때로는 생각대로 일이 풀리지 않아 속상하고, 또 그런 내 마음을 부모님이 몰라주는 것 같아 원망스러울 때도 있을 겁니다. 친구와의 문제, 성적, 꿈, 미래 등 정말 고민이 많을 시기니까요. 모든 것이 다 어렵게만 느껴질 거예요.

이 책은 그런 여러분을 위해서 태어났습니다. RM의 사례에서 확인한 것처럼 질문의 수준이 높아지면 내가 살아갈 인생의 수준도 함께 높아집니다.

여러분을 수준 높은 세계로 인도할 여섯 개의 숲을 소개합니다. 시를 낭독하듯 차분하게 읽어보세요.

첫 번째 숲, 삶의 거름이 되는 태도를 만드는 질문

두 번째 숲, 흔들리는 나를 꽉 잡아주는 질문

세 번째 숲, 인간관계로 힘들 때 나를 지켜주는 질문

네 번째 숲, 매일 하루가 더 풍요로워지는 질문

다섯 번째 숲, 세상을 올바르게 이해하는 안목을 기르는 질문

여섯 번째 숲, 단단한 내면의 소유자로 키우는 질문

어떤가요? 읽기만 해도 마음이 든든해지는 것 같나요? 어떤 어렵고 힘든 상황에서도 그걸 해결할 수 있는 질문을 가슴에 품고 있는 사람은 쉽게 좌절하지 않습니다. 오히려 그런 상황을 즐기죠. 무엇이든 질문을 통해 해결할 수 있다는 강한 자신감이 내면에 자리 잡고 있으니까요.

이제부터 여러분의 흔들리는 마음을 단단히 잡아주고, 하루하루를 더 풍성하게 만들어 줄 70개의 질문을 하나씩 소개할 거예요. 각 내용 끝에는 내 마음을 더 깊이 들여다볼 수 있는 '마음 필사' 시간이 준비되어 있습니다.

아무리 좋은 글도 그냥 읽기만 하면 남는 게 별로 없습니다. 이때 중요한 것이 바로 필사죠. 마음 필사는 확장된 질문을 읽고 마음속에 떠오르는 말들을 그대로 옮겨 적으며 나도 몰랐던 내 마음을 확인할 수 있다는 장점이 있습니다. 세상에서 가장 어려운 게 바로 나 자신을 제대로 아는 것이라고 하죠. 그 어려운 것을 마음 필사를 통해서 쉽게 얻을 수 있으니, 시간을 들여서라도 꼭 해보시길 권합니다.

나무가 모여 숲을 이루듯 70가지 질문에 하나씩 답하며 만나게 될 여러분의 근사한 삶을 기대하며 응원합니다.

김종원

··· 차례 ···

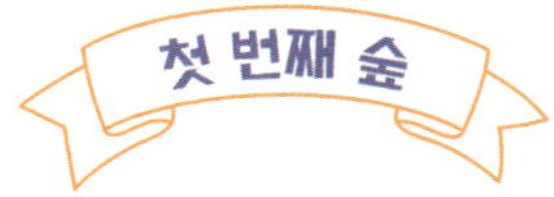

삶의 거름이 되는 태도를 만드는 질문

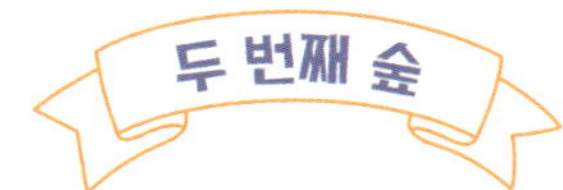

두 번째 숲

흔들리는 나를 꽉 잡아주는 질문

세상을 올바르게 이해하는 안목을 기르는 질문

단단한 내면의 소유자로 키우는 질문

삶의
거름이 되는
태도를 만드는
질문

"신중한 질문은 지혜의 절반이다."

프랜시스 베이컨

왜 학생 때
공부하는 게 최선일까?

"내가 지금 일하는 것처럼 학교 다닐 때 공부했으면, 전교 1등을 하고도 남았을 거야!"

"그때 열심히 공부했어야 했는데, 왜 그땐 그걸 몰랐을까!"

어른이 된 후, 학생 때를 돌아보며 이런 말을 하는 사람이 많습니다. 물론 다시 예전으로 돌아가도 그들은 공부하지 않을 가능성이 매우 높습니다. 사람은 쉽게 변하지 않으니까요.

다만, 중요한 건 그게 아닙니다. 실제로 수많은 어른이 왜 이런 생각을 하는 걸까요? 소수의 생각이라면 큰 의미가 없겠지만, 지금도 그런 생각을 하며 사는 어른들이 많습니다.

그때나 지금이나 공부는 참 힘든 일입니다. 그런데 공부를 제대로 하지 않아서 세상이 흔히 말하는 좋은 대학에 입학하지 못하면, 남은 삶은 더 힘들어집니다. 이 부분에서 이견이 있을 수 있어요. 공부와 상관없이 자신만의 길을 찾을 수도 있고, 다른 영역에 재능이 있는 사람도 있죠.

저는 지금 모두가 명문대에 가야 한다고 주장하는 게 아닙니다. 핵심은, 학생 때 최선을 다해 공부하지 않아서 원하는 대학에 입학하지 못한다면, 나중에 세상에 나오게 됐을 때 사는 내내 나를 증명하며 살아야 한다는 것이죠. 바로 이 사실을 알아야 한다는 거예요.

물론 졸업장이나 높은 점수가 모든 것을 증명하지는 못합니다. 하지만 그것마저 없는 사람들은 어른이 된 후 엄청난 노력으로 끝없이 자신을 증명해야 합니다. 내가 누구인지, 무엇에 장점이 있는지, 앞으로 어떤 기대를 품을 만한 사람인지를요.

그게 나쁘다는 게 아닙니다. 다만, 그런 나날을 사는 어른들이 간혹 학생 때를 돌아보며 '아, 그때로 다시 돌아가면 정말 열심히 공부했을 것 같은데'라고 생각하는 이유가 바로 여기에 있다는 것을 말하고 싶은 겁니다. 학생 시절에는 공부를 열심히 하는 게 최선이니까요.

순간의 잘못이나 착각으로 공부에 소홀해지면, 남은 인생전체를 자신을 증명하는 데 소모해야 할 수도 있습니다. 하지만 그 시절에 최선을 다하면 나중에 자신을 증명하지 않아도 되고, 그 시간을 아껴서 내가 진짜 하고 싶은 일에 모두 투자할 수 있습니다. 선택은 늘 자신의 몫이고, 지혜로운 선택이 좀 더 멋진 미래를 만듭니다.

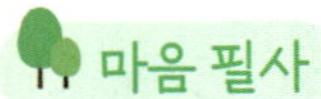 **마음 필사**

나는 지금까지 최선을 다해 공부했나?

어른이 되어서 후회하지 않으려면 지금 무엇을 해야 하나?

나는 내게 주어진 시간을 제대로 쓰고 있나?

이제 배우기 시작한 사람은 왜 겸손을 경계해야 할까?

"알아도 너무 나서지 말고, 사람이 겸손해야지."

"잘 될 때가 가장 조심하고 겸손해야 할 때야!"

아주 어릴 때부터 우리는 겸손을 배웁니다. 아니, 사실 겸손을 강요당하며 살고 있습니다. 여러분의 지나간 나날을 한번 잘 생각해 보세요. 얼마나 자주 겸손을 강요당했나요.

스스로 이해할 수 없는 상황에 놓이면, 정면으로 반박할 수 있는 질문을 던져서, 내가 왜 그래야 하는지 생각하고 찾아봐야 합니다. "왜 나는 겸손해야 하는가?" 이렇게 질문을 던지는 거죠.

지금 무언가를 배우기 시작한 사람에게 겸손은 결코 미덕

이 아닙니다. 배움에서 필요한 건 다음 3가지입니다.

① 내 지식의 수준을 파악해야 한다.
② 무엇을 배워야 하는지 알아야 한다.
③ 제대로 이해하지 못한 게 무엇인지 알아야 한다.

이 3가지를 알고 있어야 단단한 지식을 갖출 수 있습니다. 하지만 자꾸 겸손을 강조하게 되면, 내가 아는 것과 모르는 것을 구분할 수 없어서 제대로 배우지 못하게 됩니다.

내가 잘하는 것이 무엇인지, 내가 이룬 결과가 어느 정도인지 확실하게 말하고 표현할 수 있어야 합니다. 서툰 겸손은 오히려 억지 과장보다 나쁩니다. 차라리 과장하는 게 낫죠.

그래서 저는 늘 이렇게 생각하며 현재를 제대로 파악하려고 애씁니다. '나는 아직 겸손할 정도로 대단하지 않다. 있는 것을 전부 다 자랑해도 여전히 부족하다.'

여러분도 앞으로 서툰 겸손보다는 현재를 제대로 파악하고 분석하는 데 시간과 노력을 투자해 보시길 바랍니다.

 **마음 필사**

어떤 사람이 겸손해야 하는 걸까?

내 지식은 지금 어느 정도 수준인가?

지나치게 겸손한 사람을 보면 어떤 생각이 드나?

예의는
왜 지켜야 하는 걸까?

우리가 착각하는 게 하나 있습니다. '무슨 일이 있어도 언제나 주변 사람들에게 예의 바르게 말하고 행동해야 한다'라는 것이죠.

혹시라도 누군가 무언가를 강요한다고 느껴지면 스스로에게 꼭 질문해 보는 습관을 갖는 게 좋아요. 그렇게 하지 않으면 그 의미는 알지 못한 채 그냥 하라는 대로만 하며 인생을 낭비하게 되니까요. 뭐든 내 머릿속에서 나온 결론이어야 나도 웃으며 해낼 수 있습니다.

"나는 왜 예의를 지켜야 하나?" 자꾸 스스로에게 묻다 보면

조금씩 이런 중요한 사실을 깨닫게 됩니다. '예의는 다른 사람에게 보여주기 위해 실천하는 게 아니다.'

예의는 잘 모르는 타인이 아니라, 가장 소중한 나 자신을 위해 지키는 것입니다. 예의를 지키면 내가 가장 먼저 행복해지고 덩달아 마음도 예뻐지죠.

반대로 이런 사실도 알게 됩니다. '예의를 지키지 않는 사람은 자신을 소중하게 생각하지 않는 사람이다.' 간혹 주변에 기본적인 예의를 지키지 않는 무례한 사람들이 있죠. 괜히 그 사람이 나를 무시하는 것 같아서 기분도 좋지 않습니다. 하지만 그때, '예의란 자신을 소중히 여기는 마음에서 나온다'라는 사실을 안다면, 예의 없는 그 상대가 나를 무시하는 게 아니라 자기 자신을 소중하게 생각하지 않는다는 것을 알아차리고 무심하게 스쳐 보낼 수 있습니다.

내 입에서 나오는 말과 내 행동이 모여서 나라는 사람이 완성됩니다. 좀 더 품위 있는 내가 되려면 더욱더 나와 나를 둘러싼 타인에게 예의를 갖춰야 합니다.

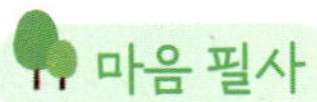

예의를 지킬 때 내 마음은 어떤가?

예의를 지키지 않는 사람은 어떻게 대해야 할까?

앞으로 좀 더 예의 바른 사람이 되려면 무엇을 해야 할까?

내 삶의 수준을 바꾸는
최고의 방법은 뭘까?

"내가 아는 건, 내가 모른다는 사실 하나뿐이다."

여러분은 소크라테스의 이 말을 어떻게 생각하시나요?

수많은 사람이 오랫동안 명언이라고 여겨온 말은 꼭 다시 한번 스스로 생각해 보는 시간을 갖는 게 좋습니다. 내게 맞게 변주해서 흡수하는 과정이 필요하니까요.

대개 자신이 모든 것을 다 안다고 생각하는 사람은 하나도 모르는 사람일 가능성이 높고, 반대로 소크라테스의 말처럼 자신이 모른다고 생각하는 사람은 많이 아는 사람일 가능성이 높습니다. 왜 그럴까요?

자신이 이미 다 알고 있다는 착각에 빠진 사람은 새로운 것이나 삶의 지혜를 발견할 기회를 놓치기 쉽습니다. 정말 안타깝죠. 하지만 눈에 보이는 게 많고 사는 나날이 곧 깨달음의 나날인 사람의 눈과 머릿속에는 늘 질문이 끊이지 않기 때문에 자신이 아는 게 너무 없다는 현실을 깨닫게 됩니다.

여러분은 누가 자기 삶의 수준을 바꿀 수 있다고 생각하나요? 당연히 후자의 사람이죠. 그럼, 그런 삶을 살기 위해서는 무엇이 필요할까요?

수학자이자 철학자인 피타고라스는 생전에 제자를 받아들이며 이런 원칙을 강조했습니다. "나의 제자가 된 후 앞으로 3년은 듣기만 하고 말을 하지 마라."

그가 침묵하라고 한 이유는 뭘까요? 여기에는 매우 중요한 진리가 녹아 있습니다. 궁금한 게 있다면 남이 아닌 '나 자신에게 질문'해야 한다는 것이죠. 제자를 크게 키우기 위해 그가 선택한 것은 나에게 질문하는 삶을 살라는 조언이었습니다. 그게 바로 삶의 수준을 바꾸는 최고의 방법이라고 생각했던 거죠.

내가 아는 것이 아무것도 없다는 사실을 자각하면, 앞으로 살면서 내가 배울 것이 너무나 많다는 사실도 깨닫게 됩니다. 이런 삶은 타인이 아니라 자기 자신에게 질문할 때에야 비로소 살 수 있게 됩니다.

　　어떤 작가의 책을 읽고 강의를 들으며 궁금한 게 생겼다면 나에게 질문하는 하루를 살아보세요. 나에게 도움이 되는 건, 나 자신에게 질문해야 나올 수 있습니다.

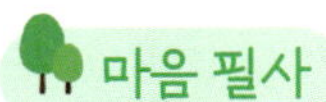 마음 필사

진짜 아는 게 많은 사람은 어떻게 생각할까?

나 자신에게 질문하는 삶을 살기 위해서는 무엇을 해야 하나?

피타고라스의 제자들은 3년 동안 무슨 생각을 했을까?

인간에게
희망은 왜 중요할까?

미국에서 일어난 기적과도 같은 일을 하나 소개합니다.

한 기업에서 노숙자들을 도울 목적으로 매달 50만 원 정도의 생활비를 주었습니다. 그들이 노숙 생활을 그만두고 새로운 삶을 시작하기를 바라며 준 돈이었죠.

과연 그 기업의 바람대로 되었을까요?

아닙니다. 노숙자들 대부분은 오히려 그 돈으로 술과 담배를 사서 이전보다 더 방탕한 생활을 즐겼습니다. 기업은 배신감에 지원을 중단하고 싶은 마음이 들었을 겁니다.

하지만 놀랍게도 기업은 지원금을 2배로 올렸습니다. 매달

노숙자들에게 100만 원이라는 큰돈을 생활비로 지원한 거죠.

그러자 더욱 놀라운 일이 일어났습니다. 80퍼센트 이상의 노숙자들이 '이것'을 시작했던 것입니다. 바로 '저축'입니다.

이 차이는 어디에서 나올까요? 노숙자들에겐 매달 50만 원 정도로는 희망이 보이지 않았을 겁니다. 그래서 술과 담배로 그 돈을 모두 소비했죠. 하지만 기업이 지원금을 100만 원으로 올리자, 이제는 살아갈 희망이 보였을 겁니다. 저축이 그 사실을 증명하죠. 저축이란 미래의 희망을 가슴에 품은 사람만이 할 수 있는, 내일을 위한 투자니까요.

인간이 희망을 품는다는 건 참 중요합니다. 자신의 내일을 기대하기 시작한 사람만이 가질 수 있는 소중한 가치이기 때문입니다.

여러분 자신을 믿고 내일을 기대하는 마음을 가져보세요. 그럼 나도 모르게 내 마음속에서 자라고 있는 희망이라는 꽃을 만날 수 있을 거예요.

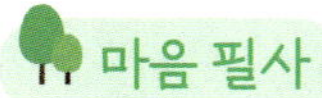 마음 필사

요즘 가슴에 품은 희망은 무엇인가?

미래의 어떤 내 모습을 상상할 때 가슴이 떨리나?

희망이 사람을 어떻게 바꿀까?

꼭 모든 사람의
사랑을 받아야만 할까?

더 많은 사람이 나를 좋아하고 아낀다면 얼마나 기쁠까요? 굳이 싫다고 할 사람은 없을 겁니다. 하지만 현실에서 가능한 일일까요? 가능하다고 하더라도, 그게 만약 나를 희생하며 얻은 사랑과 관심이라면 저는 가치가 없다고 생각합니다.

내가 아무리 달라져도 모든 사람의 사랑을 받을 수는 없습니다. 이유는 간단해요. 어떤 사람은 나의 '이 부분' 덕분에 나를 좋아하지만, 다른 어떤 사람은 나의 '이 부분' 때문에 나를 싫어하니까요. 같은 부분을 보면서도 누군가는 '덕분에'를 떠올리고 다른 누군가는 '때문에'를 떠올립니다.

내가 아무리 나를 바꿔도 모든 사람의 성향에 다 맞출 수 없는 이유가 바로 여기에 있습니다.

괜한 스트레스를 받지 말고 그냥 나를 좋아해주는 고마운 사람들과 행복한 시간을 보내며 사는 게 10배는 더 현명한 선택이겠죠.

물론 더 많은 사람에게 사랑받는 삶은 인간이라면 누구나 추구하는 욕망일 수 있습니다. 하지만 인간에게 지성이 존재하는 이유는, 이루어질 수 없는 욕망을 적절하게 제어하라고 있는 거죠.

모든 사람의 사랑을 추구하지 마세요. 나를 아끼는 사람에게 고마운 마음을 전할 수 있다면, 그것보다 귀한 삶은 없습니다.

사랑받기 위해 노력한 적이 있나?

누구의 사랑을 받는 게 가장 중요한가?

내게 가장 소중한 사람은 누구인가?

사랑받기 위해 노력한

꼬박꼬박 성장하는 사람은 무엇이 다를까?

저는 '새벽형 인간'이라서 오래전부터 하루를 새벽 3시에 시작하고 있습니다. 그때 일어나 독서와 사색을 하며 얻은 깨달음을 써 내려가고 있어요. 하지만 이런 제 실제 삶을 글로 쓰면 어떤 일이 생길까요?

안타깝게도 '반드시' 이런 댓글이 달립니다.

"다 그렇게 새벽에 하루를 시작할 필요는 없잖아요."

"오후형이나 저녁형 인간도 있을 수 있죠."

저는 그냥 제 이야기를 했을 뿐이고, 그렇게 살라고 강요한 적도 없는데 굳이 발끈해서 부정적인 마음을 티내는 거죠. 그런데 과연 제가 이런 댓글이 달릴 수 있다는 것을 몰랐을까요?

이 지점이 매우 중요합니다. 실제로 이런 방식의 반박이 두렵거나 신경이 쓰여서 글을 쓰지 못하는 사람이 아주 많아요. 하지만 전 그럴 필요가 전혀 없다고 강조하고 싶습니다.

남들의 비난과 억지를 다 생각하면 영영 글을 쓸 수 없습니다. 모두를 만족시킬 수 있는 글은 세상에 없거니와 글은 내가 바라보는 혹은 알고 있는 한 지점에 대해서 자세하게 쓰는 것이기 때문입니다. 새벽, 아침, 오후, 저녁형 인간에 관해 모두 쓰면 아무것도 아닌 글이 되겠죠.

그럼 또 "이게 뭐야, 자기주장이 없는 글이네." 이런 댓글이 달릴 겁니다. 주장을 하면 다양성을 인정하지 않았다고 하고, 다양하게 모든 것을 담으면 주장이 없다고 하죠. 어차피 비난만 하는 사람들은 내가 뭘 쓰든 그게 중요한 게 아닙니다. 비난할 준비를 마친 상태일 테니까요.

이런 상황에서도 누군가는 매일 자기 생각을 글로 쓰며 꼬박꼬박 성장하고 있습니다. 누가 뭐라고 하든 스스로 생각하고 쓰는 자만이 앞으로 나아갈 수 있습니다. 뒤에서 비난의 화살을 쏘는 존재는 걱정하지 마세요. 그들이 화살을 쏘는 동안에도 나는 앞으로 나아가므로, 화살이 도착한 자리에 이미 나는 없을 테니까요.

타인을 향한 비난만 하는 사람들은 자기 발전이 없어서 점점 후퇴하는 인생을 살게 됩니다. 그러니 늘 사람들의 좋은 부분만 보세요. 그렇게만 해도 나의 수준이 높아집니다.

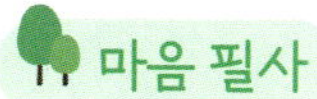 마음 필사

사람들은 왜 비난 먼저 하는 걸까?

좋은 것을 받아들이는 사람들은 어떤 인생을 살게 될까?

글쓰기를 루틴으로 만들면 무엇을 얻게 될까?

사람들은 왜 비난 먼저 하는 걸까?

사람을 외모로 놀리는 게
왜 나쁠까?

　누군가를 외모로 놀리는 건 지적 수준이 낮은 사람도 언제든 할 수 있는 세상에서 가장 간단하고 쉬운 행동입니다. 그러면 안 된다는 것을 이미 잘 알고 있으면서도 대체 왜 그러는 걸까요?

　사람을 외모로 놀리는 게 나쁜 이유는, 그 행위가 잘못됐다는 것을 충분히 인지할 수 있는 지적 수준을 가지고 있으면서도 놀리는 행위를 스스로 '선택'했기 때문입니다.

　당장 눈에 보이는 외모로 누군가를 놀리는 건 손쉽게 즐거워질 수 있는 방법이겠지만, 그건 어디까지나 놀리는 사람 입장이죠. 놀림을 당하는 사람 입장을 생각해 보세요. 당사자에겐 아주 슬프고 힘든 경험이 될 거예요. 그 사람이 스스로 어쩔 수 없는 부분을 약점 삼아 아픔을 주는, 가장 수준 낮은 생각과 행동이라고 볼 수 있죠.

인간에게는 지성이 있습니다. 내 말과 행동이 상대방에게 어떤 감정을 느끼게 할지 스스로 생각하고 판단할 수 있고, 좋은 거라면 실천하고 나쁜 거라면 과감히 버릴 수도 있죠. 그래서 지성이 높은 사람들은 놀리고 싶은 마음을 스스로 억제하며 내가 들어도 괜찮을 말과 행동만 상대방에게 들려주고 보여줍니다.

사람을 외모로 놀리는 건 정말 수준 낮은 행동이니, 나부터 하지 않는 게 좋습니다. 누군가가 그렇게 산다고 굳이 나까지 함께 수준이 낮아질 필요는 없으니까요.

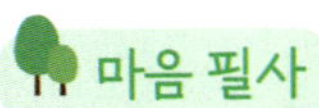

누군가를 외모로 놀린 적이 있나?

놀림당하는 상대방 마음이 어떨까?

지적 수준이 높은 사람은 왜 사람을 외모로 놀리지 않을까?

사는 게 지옥처럼 느껴진다면서
왜 벗어나려고 하지 않을까?

'아, 난 왜 이렇게 사는 게 힘들까. 친구들은 편안하게 잘 사는 것 같은데…….'

사는 게 지옥처럼 고통스러울 때가 있습니다. 집도 싫고, 학교도 너무 싫어서 짜증이 나죠. 문제는 유독 나만 이렇게 사는 것처럼 느껴진다는 것이죠.

이럴 때 대부분의 사람은 모든 게 고통스러워서 아무것도 하지 않고 그 자리에 멈춥니다. 마치 기다리면 모든 것이 사라질 거라고 믿는 사람처럼요. 그럴 땐 자신에게 이런 질문을 던질 필요가 있어요.

"나는 왜 사는 게 지옥처럼 느껴진다고 말하면서, 어리석게도 지옥에서 멈춘 채로 움직이지 않는 거지?"

어떤가요? 이제 좀 정신이 들죠? 미치도록 답답하고 힘든 시간이라면 여기를 빠르게 지나갈 수 있는 방법을 찾고 노력하는 게 현명합니다. 굳이 지옥에 더 머물 필요는 없으니까요. 고통과 슬픔이라는 감정이 내게 오랫동안 머무는 이유는 그 감정이 나쁘거나 끈질겨서가 아니라, 지옥과도 같은 공간에서 내가 움직이지 않기 때문입니다.

어른들도 마찬가지입니다. 이건 나이의 문제가 아니죠. 자꾸 '나만' 힘들다는 생각에 갇히면 벗어나려는 생각조차 못하고 자책만 하게 됩니다. 점점 사는 게 힘들어지고, 친구 관계에서도 문제가 커지죠.

상황을 해결할 생각을 해야 합니다. 왜 굳이 지옥에서 멈춰서 벗어나려고 하지 않나요? 하루가 힘들고 고통스러울수록 벗어나기 위해 이런저런 시도를 멈추지 않고 계속해서 해야 합니다. 뭐라도 시도해야 지옥에서 탈출할 수 있죠.

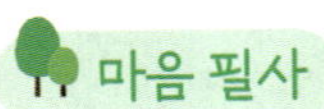

나는 내 상황에 만족하고 있나?

지금 내게는 어떤 문제가 있나?

그 문제를 해결하려면 가장 먼저 무엇을 해야 하나?

나는 내 상황에 만족하고 있나?

도움을 주고 싶은 마음이
왜 중요한 걸까?

직장에 다니던 시절, 거래하는 유명 인사들의 자필 사인을 대량으로 받아서 이벤트를 진행한 적이 있었습니다. 인쇄하기 전에 500장 정도의 면지에 사인을 받아야 했죠.

그때 제가 500장의 종이를 보내며 택배에 함께 담은 게 있습니다. 바로 3개의 네임펜입니다. 그들이 따로 네임펜을 사거나 찾지 않아도 편히 사인을 할 수 있게 배려한 것이었죠.

당시 저는 직장에 따로 비용을 청구하지 않고 제 돈으로 네임펜을 구입해서 보냈습니다. 정말 사소하고 작은 행동이었지만, 택배를 받고 네임펜까지 확인한 유명 인사들은 자신의 마음을 이런 말로 들려주었죠.

"역시! 부장님의 섬세한 마음에 감동했습니다."

생각해 보면 제가 대단한 일을 한 게 아닙니다. 다만 그들이 좀 더 편안하고 좋은 마음으로 사인을 할 수 있게 돕고 싶었고, 그래서 넉넉하게 3개의 네임펜을 넣었던 거죠.

당시 그들에게 면지를 보내는 사람은 매우 많았지만, 네임펜까지 담은 사람은 거의 없었습니다. 택배에 담았던 그 마음이 우리 사이를 단순한 비즈니스 관계가 아닌, 마음을 나누는 좋은 관계로 만들어 준 것이죠. 실제로 그때부터 지금까지 친한 관계를 유지하고 있습니다.

500장의 종이가 '노력'이라면, 3개의 네임펜은 '마음'입니다. 노력은 누구나 할 수 있습니다. 하지만 마음까지 담는 사람은 소수죠. 그래서 모든 사람이 원하는 결과를 다 얻을 수는 없는 것입니다. 언제 어디에서든 도움이 되려는 자세를 가지세요. 그럼 마음은 저절로 녹아들게 되고, 생각지 못한 긍정적인 작용이 생겨납니다.

나는 사람들에게 어떤 도움을 줄 수 있나?

내 장점이나 능력을 어떻게 활용할 수 있을까?

도움이 되려면 어떤 사람이 되어야 할까?

내 미래는
누가 결정하는 걸까?

앞으로의 인생에서 꼭 필요한 정말 소중한 이야기를 하나 전합니다.

저는 네이버 밴드에서 2개의 필사단을 운영하고 있습니다. 하나는 '세계철학전집', 또 하나는 '아이와 하루 5분 필사'라는 곳입니다. 모두 합해서 3만 명 정도의 멤버가 있는데, 놀랍게도 실제로 책을 구해서 매일 필사를 하는 사람의 비율은 10분의 1인 3000명 정도입니다. 이 숫자도 적은 건 아니죠. 여기에서 책 한 권의 필사를 모두 완료한 분들의 비율을 보면 그 3000명 중에서 10분의 1 줄어든 300명 정도입니다. 이건 무엇을 의미하는 걸까요?

시작할 수 있는 기회는 모두에게 주어지지만, 실제적인 변화는 1퍼센트에게만 허락된 게임이라는 뜻입니다(여러분도 밴드에 가입하셔서 지금부터 필사를 실천해 보시길 추천합니다). 공부, 사업, 운동, 예술 등 무엇을 시작해도 이런 비율은 잘 변하지 않습니다. 99퍼센트는 제대로 해내지 못하고, 1퍼센트 정도만이 무언가를 해내며 도전에 성공하죠.

대체 이 1퍼센트에게는 어떤 특별한 비결이 있을까요? 그들을 만나 대화를 나눠보면 공통적으로 '나는 결국 해낼 것이다'라는 마음가짐을 지니고 있다는 것을 알 수 있습니다. 할 수 있다고 생각하면 '내가 할 수 있는 이유'를 찾게 되지만, 반대로 할 수 없다고 생각하면 '내가 할 수 없는 이유'를 찾게 됩니다. 절대 변하지 않는 삶의 진리입니다.

우리는 결국 자신이 부른 미래만 만날 수 있죠. 긍정적인 사람과 부정적인 사람은 같은 환경, 같은 상황에서도 전혀 반대의 것을 찾습니다. 이 사실은 무엇을 의미할까요?

어떤 부정적인 상황에서도 반드시 희망이 있다는 멋진 사실을 의미합니다. 희망이 없는 시대는 없었습니다. 어떤 시대, 어느 나라에서도 마찬가지였습니다.

내 미래는 내가 결정하는 것입니다. 늘 핑계와 변명만 대며 아무것도 하지 않을 수도 있고, 된다는 생각으로 끝까지 도전할 수도 있죠. 선택은 나의 몫입니다. 나는 무언가가 될 수도 있고, 아무것도 되지 못할 수도 있습니다.

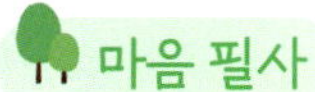

나는 내가 가진 가능성을 믿고 있나?

한번 시작해서 끝까지 해낸 경험이 있나?

긍정적인 생각을 자주 하려면 무엇을 바꿔야 할까?

가끔은 왜 힘든 감정을
드러내야 할까?

"누가 그렇게 예민하게 행동하라고 했어!"

"힘들어도 좀 숨기고 남들을 배려해야지."

우리는 왜 예민해지는 걸까요? 평소에는 다들 좋은 사람인데 말이죠. 여러분은 혹시 힘든 감정을 숨길 때 마음이 어떤가요? 나아지기보다는 점점 더 힘들어지죠. 그렇게 참고 또 참다가 결국에는 예민해지는 겁니다.

힘든데도 억지로 감추면서 너무 고통받을 필요는 없어요. 타인에게 피해를 주지 않는 선에서, 힘들면 힘들다는 티를 낼 때도 있어야죠.

대부분의 예민한 태도는 사람이 나빠서라기보다는 체력이 다 떨어졌다는 일종의 신호일 때가 많습니다. 반복해서 힘든 일이 일어나면 누구든 견디기 어렵잖아요.

예민해질 정도로 힘들 때마다 자신을 다독이며 이렇게 말해주세요. '나는 힘들어도 포기하지 않고 치열하게 사는 사람이라서 남들보다 더 빠르게 체력이 떨어지는 거야. 원래 성격이 그래서가 아니라 노력하며 최선을 다하는 사람이라서 자꾸만 예민해지는 거야.'

지금 내 예민한 태도는 과거부터 현재까지 노력한 결과이니 너무 꼭꼭 숨기지 말고, 고생한 자신에게 딱 5분 정도만 쉴 수 있는 시간을 선물해 주세요. 좋아하는 음악을 감상하며 5분만 마음을 편안하게 해줘도 초고층 빌딩처럼 예민하게 솟아오른 감정이 차분하게 가라앉습니다.

예민해서 가장 크게 손해 본 적이 언제인가?

내가 어떤 경우에 예민해지는지 알고 있나?

요즘 나를 가장 힘들게 만드는 건 무엇인가?

Forest of Questions

흔들리는 나를 꽉 잡아주는 질문

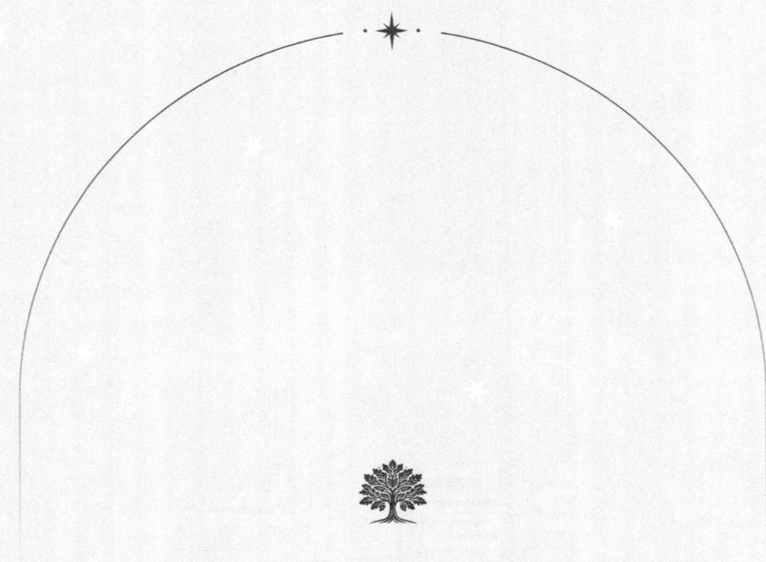

"좋은 질문이 좋은 답을 만든다."

토니 로빈스

무언가 시작했다면
왜 비난받을 용기를 내야 할까?

　누가 가장 많은 욕을 먹을까요? 집에서 나오지 않고 가만히 있는 사람? 아니면 이것저것 자꾸 도전하며 시도하는 사람? 당연히 후자일 겁니다.

　그래서 가장 많은 욕을 먹는 사람은 가장 열심히 일한 사람과 일치합니다. 아, 하나 더 추가하죠. 그냥 열심히 일한 게 아니라, 남의 시선에 어떤 영향도 받지 않고 자신의 뜻대로 열심히 일한 사람들입니다.

　온라인 서점에서 책을 구매해 본 적이 있을 겁니다. 그때 책에 달린 리뷰와 평점을 보면 의외의 사실을 깨닫게 됩니다. 평점이 거의 만점에 가까운 책은 판매가 잘되지 않은 경우가 많고, 반대로 잘 팔리는 책은 생각보다 평점이 낮은 경우가 많습니다. 이유는 간단합니다. 그만큼 불특정 다수에게 널리 퍼졌기 때문이죠.

많은 사람에게 비난받고 욕먹는 게 당연히 기분 좋은 상황은 아닙니다. 하지만 이 사실을 꼭 기억해야 해요. 무언가를 자기만의 방식으로 최선을 다해 실천하겠다고 결심한 사람은 주변의 나쁜 평가에 연연하거나 흔들리면 안 됩니다.

물론 잘 팔리는 책이라고 해서 꼭 좋다고 말할 수는 없습니다. 또한 최선의 노력을 쏟은 책이라고 단정할 수도 없죠.

제가 말하는 핵심은, 비난받고 외면당할 용기를 내야 자기만의 무언가를 창조할 수 있다는 것입니다. 그 과정에서 들리는 온갖 종류의 소음은 '내가 잘 가고 있다는 증거'로 여기며 가던 길을 계속해서 가면 됩니다.

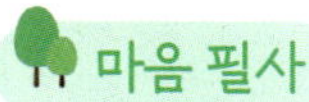

비난받을 용기를 내지 못했던 적이 있나?

타인을 의식하면 어떤 부작용이 있나?

앞으로 나는 무엇을 시도할 예정인가?

사람들 앞에 서면
왜 떨릴까?

'아, 이번에는 제발 잘해야 하는데…….'

아무리 다짐해도 이상하게 사람들 앞에만 서면 미친 듯이 떨립니다. 준비를 많이 하고 나가도, 결과는 크게 다르지 않아서 더욱 자신에게 화가 나죠.

잘하는 것은 기대도 하지 않습니다. 오히려 준비한 것이 생각나지 않아서 연습했던 것의 반도 제대로 못할 때가 많으니까요. 왜 사람들 앞에 서면 머리가 하얘지는 걸까요?

이미 첫 줄에 그 답이 있습니다. '잘해야 한다'라는 마음이 우리를 더 두렵게 만듭니다. 하나 묻겠습니다. 잘하는 것의 반대는 무엇인가요?

그래요, 못하는 거죠. 그래서 스스로에게 들려주는 "잘하자"라는 말은 오히려 독이 될 때가 많습니다. 선택지가 잘하는 것 아니면 못하는 것, 둘 중 하나밖에 없기 때문입니다.

이 사실을 반드시 기억하세요. 우리는 잘하려고 앞에 서는 게 아닙니다. 어른이든 아이든 마찬가지죠.

목적부터 제대로 설정할 필요가 있습니다. 내가 사람들 앞에서 무언가를 말하는 이유는 잘하려고 그런 게 아니라, 내가 노력해서 준비한 말을 제대로 들려주기 위해서입니다. 과정을 보여주는 거죠. 내 생각과 마음을 들려주는 것이니 그 안에서 잘하거나 못하는 게 있을 수 없습니다.

자꾸 자신을 '잘한다', '못한다' 이 평가 기준 안에 넣기 때문에 떨리고 두려운 겁니다. '그냥 한다'라고 생각하세요. 생각과 마음은 평가의 영역이 아니니까요. 있는 그대로 과정을 보여준다고 생각하면 차분하게 말을 시작할 수 있습니다.

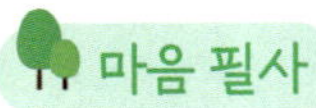

잘하려는 마음이 드는 이유는 뭘까?

떨지 않고 당당하게 말하려면 무엇이 필요할까?

차분하게 내 이야기를 하면 결과가 어떨까?

혼자 있는 사람은
외로운 사람일까?

'쟤는 친구도 없나 봐? 혼자서 뭐 하는 거야.'

'나도 친구가 많았으면 좋겠다.'

'요즘 핫한 저 모임에 들어가고 싶은데…….'

학생 때도 그렇지만 사실 어른이 된 후에도 이런 생각을 많이 합니다. 인기 있는 사람이 되고 싶고, 혼자 있기 싫어서 억지로 무리에 속하기도 하죠. 최대한 외로운 사람처럼 안 보이려고 노력하는 삶이라고도 말할 수도 있겠네요. 그런데 과연 이런 삶이 어떤 의미가 있을까요?

우리는 외로움이라는 개념을 다시 생각해 볼 필요가 있습니다. 누가 외로운 사람일까요? 친구가 없거나 혼자 있는 사람일까요?

그렇지 않습니다. 세상에서 가장 외로운 사람은 혼자 있는 사람이 아니라, '혼자 있지 못하는 사람'입니다. 혼자 있지 못하는 사람은 아무리 많은 사람과 함께 있어도 외롭습니다. 오히려 사람이 많아질수록 외로움은 점점 더 커질 뿐이죠. 억지로 무리에 속해 있는 그 기분 나쁜 감정을 아는 사람은 공감할 겁니다.

우리가 혼자 있지 못하는 이유는 간단합니다. 내가 무엇을 좋아하고 무엇을 원하는지 잘 모르기 때문입니다. 스스로에 대한 정보가 부족하니 혼자 있을 때 자신과 나누는 대화가 어색하고 힘듭니다.

혼자 있을 수 있는 사람이 가장 강한 사람입니다. 나 자신과 멋지게 대화를 나눌 수 있는 사람만이 친구들을 만나서도 온전히 그 공간과 대화에 집중할 수 있습니다.

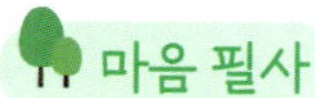 마음 필사

나는 무엇을 좋아하고 원하는가?

혼자 있는 시간을 즐기려면 어떻게 해야 할까?

내면이 강한 사람이 되려면 무엇을 바꿔야 할까?

방탄소년단 RM은 바쁜 일정에도
어떻게 꾸준히 글을 쓸까?

글쓰기는 참 어려운 지적 수단입니다. 가끔 쓸 순 있어도 일정하게 꾸준히 쓰는 건 참 어렵죠. 더구나 방탄소년단의 멤버라면 얼마나 하루가 바쁠까요. 그렇게 바쁜 일상에서도 반드시 시간을 내서 글쓰기를 하는 RM에게는 어떤 비법이나 비밀이 있을까요?

글쓰기를 매우 중요하게 생각하고 또 실제 작사가로도 활동하는 그가 철저하게 지키는 3가지 글쓰기 노하우가 있습니다.

① 눈에 보이는 풍경과 사건을 그때그때 텍스트로 변환해

서 전부 기록한다.

② 각종 영상을 시청하고 책을 읽을 때, 글로 표현해야 한다는 사실을 잊지 않는다.

③ 마치 레이더로 온 세상을 탐색하듯 생각을 활짝 열고 세상을 받아들인다.

굳이 글을 쓰지 않아도 앞날이 밝은 RM도 이렇게 글쓰기에 진심인데, 우리는 더 분투해야 하는 것 아닐까요?

아주 간단하면서 확실한 RM의 글쓰기 노하우를 꼭 여러분만의 것으로 변주해서 활용해 보세요. 아무리 바쁜 일상을 살더라도 사는 나날이 곧 쓰는 나날이 될 수 있을 겁니다. 게다가 학교, 학원까지 가야 해서 바쁘다는 핑계도 더는 댈 수 없을 겁니다. 누구보다 바쁜 RM도 이미 실천하고 있으니까요.

그러니 부디 이제라도 글을 써보세요. 바쁘면 바쁜 일상을, 무기력하다면 힘이 없는 그 일상을 솔직하게 쓰면 됩니다. 쓰면 쓸수록 더 나은 내가 된다는 사실을 잊지 마세요.

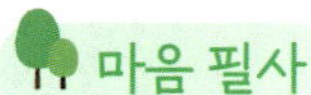 **마음 필사**

글쓰기를 시작하면 내 하루가 어떻게 바뀔까?

바빠서 쓰지 못한다는 건 왜 변명인가?

RM에게서 나는 무엇을 배울 수 있나?

꿈을 이루는 것은
왜 힘들까?

　꿈을 가진 사람은 언제나 세상 사람들의 반발을 마주하게 됩니다. 아마 그들은 여러분이 가진 꿈을 믿지 않고, 실현 불가능하다고 외칠 겁니다.

　그런데 이런 멋진 사실을 알고 있나요? 큰 배는 항구에 정박할 수 없다는 것을요. 항구가 큰 배를 감당할 수 없기 때문입니다. 그래서 큰 배는 언제나 비난과 시기 질투라는 거친 바다를 가르며 전진해야 합니다.

　세상 사람들이 여러분의 꿈을 믿지 못하고, 이뤄지지 않을 거라고 말하는 것도 마찬가지입니다. 그래요, 여러분은 말로 표현하기 힘들 정도로 멋진 꿈을 가진 거예요.

"저는 나중에 정의를 실현하는 검사가 되고 싶어요."

"아름다운 음악으로 세상의 아픔을 치유하고 싶어요."

"행복한 가정을 이뤄 집을 천국으로 만들고 싶어요."

저는 지금까지 정말 다채로운 여러분의 꿈 이야기를 들었어요.

혹시 알고 있나요? 가슴에 품은 꿈을 이야기할 때마다 여러분의 눈이 별처럼 빛난다는 사실을요. 그래서 저는 늘 꿈 이야기를 들을 때마다 울컥합니다. 큰 꿈을 가진 사람끼리 그 마음이 서로 통하기 때문이겠죠. 우리에겐 꿈이 심장이니까.

그러니까 이제 불필요한 말은 듣지 말고, 숨이 차도 멈추지 말고, 끝없이 꿈을 향해 달려가세요. 큰 꿈을 가진 사람은 현실이라는 항구에 정박하지 않는 법이니까요.

이제 꿈을 이루는 게 왜 힘든 건지 알았나요? 여러분이 두렵고 아프고 힘든 이유는 큰 꿈과 생각을 실현하기 위해 뜨겁게 분투하고 있어서 그래요. 그러니 이제는, 그깟 바람 한 조각에 흔들리지 마세요. 뜨거운 가슴에 품은 멋진 꿈으로 차가운 바람을 날려 버리세요. 스스로 중심을 잡고, 바람을 스쳐 보내는 거죠. 여러분은 곧 잘될 사람이니까. 찬란할 사람이니까.

🌳 마음 필사

내 꿈을 생각하면 어떤 생각이 드나?

꿈을 가진 사람의 눈빛은 어떻게 다를까?

꿈을 비웃는 사람을 보면 어떤 말을 들려주고 싶나?

친구들은 팔로워 수가 많은데,
나는 왜 늘어나지 않는 걸까?

SNS는 이제 거의 삶의 필수품이 되었습니다. 멋지게 활용할 수 있다면 다양한 이득을 취할 수 있죠. 그런데 SNS를 하다 보면 누구나 이런 고민이 들 겁니다. 고생해서 쓴 글의 조회수가 생각만큼 나오지 않으면 괜히 불안해지고 '삭제해야 하나?'라는 생각까지 하게 되죠. 우리는 왜 이렇게 팔로워 수와 조회수에 연연하는 걸까요? 눈에 보이는 숫자가 그렇게 중요한 걸까요?

저는 지난 30년 동안 130권이 넘는 책을 쓰며 각종 SNS를 다양하게 운영해 왔습니다. 하지만 단 한 번도 팔로워 수나 조회수에 연연하지 않았죠. 그런데도 현재 인스타그램의 팔로워는

30만 명이 넘었으며 다른 SNS 팔로워 수까지 더하면 50만 명이 넘는 사람들이 제 글을 구독하고 있습니다. 그 힘이 어디에 있을까요?

바로 타인의 시선이나 세상이 정한 온갖 알고리즘을 전혀 신경 쓰지 않는 태도에 있습니다. 누구나 자신의 게시물 조회수가 높게 나오기를 바랍니다. 팔로워 수 역시 마찬가지죠. 그래서 저는 오히려 저 자신에게 집중했습니다. 가장 중요한 건 불안한 마음을 이겨내고, 내 글을 써서 세상에 보여주는 것이었기 때문이죠.

아직은 불완전한 나를 믿고 사랑하세요. 조회수가 낮게 나온다고 조금도 걱정할 필요가 없습니다. 그 숫자가 여러분의 가치를 나타내는 건 아니니까요.

여러분은 그저 '나만의 알고리즘'을 찾고 있을 뿐입니다. 그 시간은 결코 헛된 게 아니죠. 세상이 정한 알고리즘에서 벗어나 나만의 알고리즘을 찾아내는 시간은, 세상에서 오직 나만 할 수 있는 카테고리 하나를 만들어 줄 거예요. 그러니 이제는 누구도 신경 쓰지 말고 여러분이 할 수 있는 것을 하세요.

왜 사람들은 조회수에 연연하는 걸까?

세상의 알고리즘과 내 삶의 알고리즘, 둘 중 뭐가 더 중요할까?

내가 세상에 보여주고 싶은 건 뭘까?

나를 전부 소진할 정도로
애쓰는 게 좋은 선택일까?

'어쩌면 저렇게 멋지게 일을 척척 해낼 수 있을까?'

주변에 이런 생각이 절로 들게 만드는 사람이 있을 겁니다. 그들을 보면 부러운 마음이 들면서 나도 최선을 다해 노력해야겠다는 다짐도 하게 되죠.

그런데 과연 최선을 다해 노력한다는 건 어떤 의미일까요? 그 기준이 어느 정도일까요?

제가 만난 다양한 분야의 대가들에게는 노력의 분명한 기준이 있었습니다. 그건 바로 '80퍼센트'입니다. 이게 무슨 말이냐고요?

차분함을 유지하며 자신의 지성을 매일 꾸준히 높이는 사람은 의외로 일상에서 전력을 다하지 않습니다. 늘 가진 힘의 80퍼센트 정도만 사용해서 하루를 살죠.

'모든 것을 다 소모하지는 않는다'라는 그 태도가 바로 그들이 가진 최고의 경쟁력입니다.

지적 수준을 높이려면 차분함을 유지할 수 있어야 하고, 마음의 여유가 있어야 합니다. 그리고 그건 보통 체력에서 나옵니다. 성급하게 무언가를 결정하거나 쉽게 분노하는 태도로는, 아무리 보고 듣고 경험해도 그것들이 내면에 쌓이지 않습니다.

그래서 그들은 가진 힘의 80퍼센트만 쓰고 나머지 20퍼센트 정도는 혹시 모를 돌발상황을 대비해서 비상식량처럼 남겨둬요.

늘 전력을 다하는 사람은 돌발상황에서 남은 힘이 없기 때문에 분노하거나 화를 내게 됩니다. 힘이 남아 있어야 차분하고 지혜롭게 문제를 처리할 수 있죠.

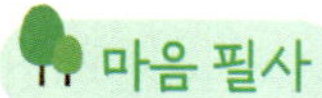

내가 생각하는 '최선을 다한 노력의 기준'은 어느 정도인가?

모든 체력을 다 소모하면 어떤 기분이 들까?

나는 감정을 제대로 조절하고 있나?

벅차게 느껴지는 일을
어떻게 해낼 수 있을까?

살다 보면 '내가 과연 할 수 있을까?' 이런 생각이 드는 일을 꽤 자주 만나게 됩니다. 그럴 땐, 아무리 힘들어 보이는 일도 잘게 쪼개면 좀 더 쉬워 보인다는 사실을 자각할 필요가 있습니다. 하나의 덩어리를 10개로 쪼개 10분의 1씩 바라보면, 이 정도면 나도 할 수 있겠다는 생각이 들죠.

이런 식으로 뭐든 되게 만들겠다는 플러스 태도를 갖는 게 중요합니다. 그래야 시작이라는 걸 할 수 있어요. 너무 거대해서 벅차다고 생각하면 망설이다가 결국 시작도 하지 못하고 아까운 시간만 흘려보내게 됩니다. 하지만 이렇게 잘게 쪼개면 바로 시작할 수 있고 혹시라도 일을 다 끝마치지 못하더라도 귀중한 교훈을 얻게 되죠.

'아무리 거대한 일도 잘게 쪼개서 시간을 투자하면 결국에는 어느 정도 할 수 있구나. 다음에는 더 열심히 해보자. 뭐든 시작하면 가능해.'

저도 마찬가지입니다. 130권이 넘는 책을 냈지만 여전히 책 한 권을 쓰는 일은 어렵습니다. 한 권의 책을 쓰기 위해서는 약 A4 100장 분량의 글을 써야 하는데, 언제나 가장 힘든 건 첫 장의 첫 줄을 쓰는 거죠. 그때 제가 느끼는 기분은 정말 막막합니다. '내가 과연 100장을 다 채울 수 있을까?'라는 두려움이 저절로 생기죠.

그럴 때 저는 '매일 1장씩 100일을 꾸준히 쓰면 되겠다'라고 생각합니다. 100장을 한번에 쓴다고 생각하면 시작이 어렵습니다. 하지만 100일 동안 매일 1장씩 쓰겠다고 생각하면 바로 시작할 수 있죠. 너무 어렵다고 느껴지는 모든 일은 아주 잘게 쪼개는 게 좋습니다.

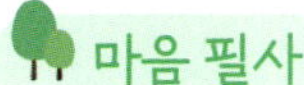 **마음 필사**

너무 어렵게 느껴져서 시작도 못한 일이 있나?

왜 어떤 사람은 남들보다 일을 쉽게 하는 것처럼 보일까?

거대한 일을 잘게 쪼개려면 어떤 기준을 세워야 할까?

고민과 걱정은
뭐가 다른 걸까?

"우리가 걱정하는 일 중에서 90퍼센트 이상은 실제로 일어나지 않는다"라는 말이 있어요. 내가 걱정하는 것이 현실에서 일어날 확률은 10퍼센트도 되지 않는다는 의미가 되겠죠. 살다 보면 이게 사실이라는 것을 경험으로 깨닫게 됩니다.

그런데 우리는 평소 어떤 태도로 살고 있나요? 정작 확률이 10퍼센트도 되지 않는 일로 90퍼센트의 기쁨과 행복을 놓치고 있진 않나요?

"걱정해서 걱정이 사라지면 걱정이 없겠다"라는 말이 걱정이 무엇인지 가장 분명하게 보여준다고 생각합니다. '생각'이라는 같은 재료로 이루어져 있지만, 걱정과 고민은 전혀 달라요.

걱정만 하는 사람들의 머릿속에서는 '나는 도저히 이 벽을 넘을 수 없어. 짜증 나네, 왜 나만 이런 상황에 놓이는 거야!' 이런 생각만 가득하죠.

하지만, "벽을 밀면 문이 되고, 눕히면 다리가 된다"라는 말처럼, 벽이라는 대상을 두고 오랫동안 고민한 사람은 이런 멋진 해결책을 낼 수 있습니다.

걱정은 하면 할수록 짐이 되지만, 고민은 우리를 짐에서 자유롭게 해주죠. 이게 가장 큰 차이점입니다.

휘이이 잉~
끼 이 익
틸 썩
여기도 막혔네...
더듬 더듬
으악

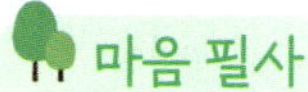 마음 필사

나는 고민을 자주하나, 걱정을 자주하나?

걱정을 줄이려면 어떻게 해야 할까?

고민하는 시간을 자주 가지면 삶이 어떻게 바뀔까?

어떤 일을 할 때
두려운 이유는 뭘까?

두려운 건 이상한 게 아닙니다. 우리는 늘 '할 수 있을까?' 라는 두려움에 갇혀 살고 있죠. 인간은 태어난 이상 삶이 도전의 연속입니다. 그러니 생각을 전환할 필요가 있습니다.

지금 뭔가 두려운 감정을 느낀다는 건, 내가 이전에 경험하지 않았던 새로운 것에 도전하고 있다는 멋진 사실을 의미합니다. 다시 말해서 두려움의 크기는 도전의 크기와 일치하는 거죠.

내면이 약해서 혹은 겁이 많아서 두려움을 느끼는 게 아니라, 가슴이 떨릴 정도로 멋진 일에 도전하며 성장을 꿈꾸기 때문에 두려운 것입니다.

저는 절대 변하지 않는 자연의 법칙을 하나 알고 있습니다. 사람들은 대부분 겨울이 오면 모든 꽃이 죽었다고 생각하죠. 봄이 되어 꽃이 아름답게 피어나기 전까지만요. 큰 꿈을 꾸는 사람은 사람들의 비웃음을 사기 쉽습니다. 그가 꿈을 실현하기 전까지만요. 새로운 생각은 사람들의 비난을 받습니다. 그 생각을 실현하기 전까지만요.

어떤 대단한 사람도 모든 일을 다 해낼 수는 없어요. 중간중간 해내지 못한 일도 생기는 법이죠. 그런 현실을 인정해야 지치지 않고 원하는 인생을 살아갈 수 있습니다.

그리고 조금 겸손할 필요가 있어요. 냉정하게 말해서 두려움을 느끼는 이유의 절반 정도는 나를 과대평가한 결과입니다. 내가 모든 것을 다 해낼 수 없고, 모든 것을 다 잘할 수도 없다는 사실을 아는 순간부터 겸손한 태도를 갖출 수 있고, 제대로 하지 못한 나 자신을 인정하고 받아들일 수 있습니다. 그럼 두려움도 줄어들고 더욱 오늘 하루에 몰입할 수 있게 되죠.

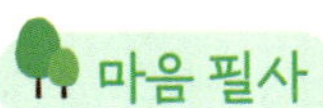 마음 필사

요즘 나를 두렵게 만드는 일은 무엇인가?

그 일이 두려운 이유가 구체적으로 무엇 때문인가?

두려움을 이겨내려면 어떻게 해야 할까?

왜 화를 참으면 나중에
더 큰 화가 되는 걸까?

"참는 사람이 이기는 거야"라는 말이 있어요. 물론 아름다운 말입니다. 하지만 이기적인 것이 아닌, 정당한 이유에서 나온 화라면 무조건 참아야 할 이유는 없습니다. 그런 상황에서 화를 참는 건 배려나 예의가 아닌, 자신에게 미안한 용기 없는 선택입니다. 나만 정당하다면, 화낼 용기를 내야 합니다.

여러분도 한번 생각해 보세요. 화를 내야 할 때 분명하게 내지 않으면 어떤 일이 일어날까요? 다양한 상황을 5가지로 정리하면 이렇습니다.

① 나를 우습게 본다.

② 내게 부당한 대우를 해도 된다고 생각한다.

③ 내가 나를 소중하게 생각하지 않는다고 여긴다.

④ 나를 소신과 철학이 없는 사람이라고 단정한다.

⑤ 목소리만 크면 이길 수 있다고 착각한다.

어떤가요? 읽기만 해도 화가 나죠?

맞아요. 화를 내야 할 때 내지 않으면 사람들은 나를 오히려 우습게 생각해서 더 쉽게 대합니다. 게다가 화는 결코 스스로 사라지지 않습니다. 풀어야 할 화라면 더욱 그렇죠. 풀지 못한 화는 차곡차곡 내면에 쌓여서 안타깝게도 나를 향한 분노로 바뀝니다. 나는 좋은 마음으로 화를 참았지만 그게 모두 내 안에 쌓여 나를 망치는 거죠. 타인을 향해야 할 화가 엉뚱하게도 이미 아픈 나 자신을 괴롭힌다면, 이보다 억울한 경우가 또 있을까요?

아무리 착한 사람도 모든 것을 다 참을 수는 없습니다. 아니, 착한 것과 화를 참는 건 별개입니다. 억울하거나 공평한 대우를 받지 못했다면, 어떤 자리에서든 반드시 당당하게 목소리를 내야 합니다. 할 말은 할 용기를 내야, 나로서 근사하게 살아갈 수 있습니다.

다른 사람을 생각해서 화를 참은 적이 있나?

화를 참았을 때 내 안에서는 어떤 일이 일어날까?

정당한 화는 왜 표현해야 할까?

내 목표는 욕심인가,
아름다운 욕망인가?

욕심과 욕망에는 어떤 차이가 있을까요? 그냥 듣기에는 다를 게 없는 것처럼 느껴지지만, 아주 커다란 차이가 있습니다.

최선을 다해서 시도한 일이 실패로 돌아갔을 때 욕심만 가득한 사람은 실망하고 분노합니다. 하지만 아름다운 욕망으로 도전한 사람은 오히려 기뻐하죠. 지금의 상황을 실패가 아닌 다른 방법을 찾으라는 신호로 해석하기 때문입니다.

내 마음 상태에 따라서 결과를 바라보는 시각도 달라집니다. 그래서 아름다운 욕망으로 무언가 시작한 사람은 어떤 결과가 나와도 웃으며 반길 수 있죠. 그들은 자신을 실패한 사람이라고 생각하지 않습니다. 끊임없이 방법을 찾는 사람이라고 생각하죠.

하지만 욕심으로 가득한 사람은 제대로 노력도 하지 않고 결과만 보고 분노합니다. 그러니 불만만 커지고 나아지는 건 전혀 없죠.

꿈이 크다면 그에 맞게 노력의 크기도 함께 커져야 합니다. 평범한 방법과 노력으로는 특별한 결과를 얻을 수 없죠. 더 나아질 방법은 찾지 않고, 오직 좋은 결과만 기대하는 태도로는 무엇도 제대로 할 수 없습니다.

이제 욕심과 욕망에 어떤 차이가 있는지 명확하게 알겠죠? 욕심은 아무것도 하지 않으면서 무언가를 바라는 마음이고, 욕망은 내 방식으로 무언가를 끊임없이 해내려는 마음입니다. 방법을 찾는 끝없는 과정이 동반되어 있죠.

특히 처음 무언가를 시작할 때 욕심과 욕망의 차이를 기억하면 좋습니다. 처음에 이것저것 뭐든 경험해봐야, 나에게 맞는 방법을 찾고, 필요 없는 것들을 덜어낼 안목을 갖출 수 있어요. 내 안에 깃든 욕심을 지우고, 욕망을 새기는 이런 태도를 익히면 훗날 좀 더 가볍게, 멀리 날아갈 수 있습니다.

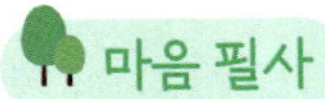 **마음 필사**

나는 어떤 욕심이 있나?

더 나은 방법을 찾는 사람은 세상을 어떤 시선으로 바라보나?

아름다운 욕망을 가지려면 생각을 어떻게 바꿔야 할까?

Forest of Questions

인간관계로 힘들 때 나를 지켜주는 질문

“대답보다는 질문으로 사람을 판단하라.”

볼테르

뒷담화를 당하면
어떻게 반응해야 할까?

누군가 몰래 내 뒷담화를 하고 있다는 소식을 듣게 되거나 현장을 목격하게 되면, 가슴이 철렁 내려앉는 게 정상입니다. 만약 그 사람이 믿었던 친구라면, 배신감에 화가 날 수도 있고, 사실이 아닌 내용은 하나하나 따지고 싶은 마음도 들 거예요.

하지만 일일이 대응한다고 문제가 해결되는 건 아닙니다. 늘 비겁하게 남 뒷담화를 즐기는 사람들은 아무리 사실을 말해도 사실로 받아들이지 않거든요. 이건 사실과 거짓의 영역이 아닙니다. '뒷담화'라는 대상을 좀 더 깊이 생각해 볼 필요가 있어요.

그들은 왜 뒷담화를 하는 걸까요? 한번 스스로에게 질문해 보세요. 아마 어렵지 않게 다음 3가지 이유를 발견할 수 있을 거예요.

① 그들이 힘을 합쳐야 할 정도로 내가 대단하다.
② 내 앞에서 말할 수 없을 정도로 내가 강력하다.
③ 그들에게는 자신 있게 나와서 싸울 힘이 없다.

이해하시겠죠? 누군가 내 뒷담화를 한다는 건 오히려 좋은 신호입니다. 여러 사람이 모여서 이야기의 주제로 삼을 정도로 내가 이룬 게 많다는 증거니까요. 뒷담화가 있다는 소식을 들으면 오히려 내가 잘 살고 있다는 신호라고 인식하면 됩니다.

또한, 앞에서는 내 상대가 되지 않는다는 걸 그들 스스로 잘 알아서, 늘 보이지 않는 존재로 살고 있는 거예요. 이렇게 상황을 차분하게 바라보면, 그렇게밖에 살 수 없는 그들의 수준이 보입니다. 그러니 이제는 뒷담화에 크게 신경 쓰지 말고, 자신의 일을 묵묵히 해내세요. 어떤 소음에도 여러분의 소중한 시간을 소모하지 마세요.

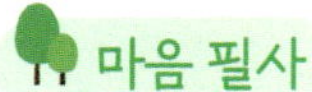

뒷담화를 듣고 마음 아팠던 적이 있나?

뒷담화를 하는 이들은 주로 어떤 사람들이었나?

자신의 일을 멋지게 해내는 사람들은 왜 뒷담화의 주인공이 될까?

친구가 부르면
무조건 가야 할까?

"그래, 알았어. 지금 그리로 갈게!"

친구들이 부르면 장소가 어디든 가는 사람이 있습니다. 물론 좋은 마음에서 나온 행동일 수는 있지만, 부른다고 무조건 다 가는 건 그리 좋은 선택은 아닙니다. 우리의 시간은 무한하지 않고, 시간을 아껴야 내가 진짜 하고 싶은 것들을 할 수 있기 때문입니다.

게다가 모든 곳에 다 참석한다는 건, 내 안에 기준이 하나도 없다는 사실을 의미합니다. 분명한 기준이 있는 사람은 누가 부른다고 다 참석하지 않고, 반대로 자신을 불러주지 않는다고 불평하거나 마음의 상처를 입지도 않습니다.

나를 초대하는 사람들의 마음은 아름답습니다. 하지만 나만의 원칙과 삶의 기준이 있어야 합니다. 내 시간을 쉽게 허락하지 않는다는 건, 세상을 살아가는 분명한 나만의 기준이 있다는 증거입니다. 남의 인생이 아닌 내 인생을 살아가려면 나는 누구보다 내 시간을 가장 중요하게 생각해야 합니다.

어린아이에게도 시간은 소중합니다. 친구가 부른다고 매번 다 가면, 정작 나 자신에게 쓸 시간은 점점 사라집니다.

거절을 두렵게 생각하지 마세요. 우리는 나에게 먼저 좋은 사람이 되어야 합니다. 좋은 내가 되어야 가족들에게도, 친구들에게도 좋은 사람이 될 수 있으니까요. 자신만의 분명한 기준을 세우고, 어제보다 오늘 더 나를, 여러분에게 주어진 소중한 시간을 더 사랑하고 아끼는 하루를 보내세요.

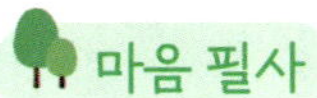

내게 가장 중요한 일은 무엇인가?

나는 나에게 충분한 시간을 투자하고 있나?

내가 꼭 참석해야 할 곳은 어디인가?

예절은
왜 지켜야 하는 걸까?

하루는 한 식당에 갔는데, 직원들이 주방에서 대화하는 소리가 들렸습니다.

"5번 테이블 뭐 주문했어?"

"몰라, 메뉴판 공부 중인 것 같아."

같은 메뉴를 파는 다른 식당에 갔을 때도 비슷한 경험을 했습니다.

"손님 뭐 주문하셨어?"

"손님 지금 메뉴 보고 계시니까 조금만 기다려줘."

같은 상황, 다른 두 대화를 듣고 여러분은 어떤 생각이 드나요?

식당이나 각종 상점에서 자주 일어나는 일이죠. 직원 대부분 손님이 눈앞에 있을 땐 모두가 존댓말을 사용합니다. 그건 어려운 일이 아니죠. 중요한 것은 손님이 눈에 보이지 않을 때의 태도입니다.

첫 식당은 반말에 '메뉴판 공부 중'이라며 비꼬기까지 했습니다. 거리가 얼마 떨어지지 않아서 다 들리는 상황인데 말이죠. 하지만 두 번째 식당은 달랐습니다. 손님이 눈에 보이지 않아도 앞에 있는 것처럼 존댓말을 사용했고 품위가 있었죠. 만약 여러분이 손님이라면 두 식당 중 어느 곳에 다시 갈 건가요?

네, 그래요. 괜히 사람들의 사랑을 받는 게 아닙니다. 손님이 보일 때나 보이지 않을 때나 한결같은 모습을 유지하는 건 생각보다 더 어려운 일이죠. '예절'이라는 단어는 발음하는 건 쉽지만, 실천하기는 참 어렵습니다. 아무에게나 기대할 수 있는 게 아니죠. 그래서 더 가치 있습니다. 예절을 지키는 것 하나만으로도 관계는 좀 더 부드러워지고 쉬워집니다. 여러분이 먼저 실천해 보세요.

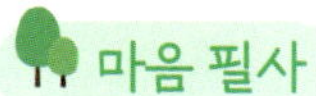

내가 식당 직원이었다면 뭐라고 말했을까?

같은 말도 품위 있게 하는 사람들은 뭐가 다를까?

예절을 갖춘 사람은 어떤 인생을 살게 될까?

어떤 친구가
내게 가장 좋은 친구일까?

학원에서 만나는 친구, 예전에 같은 반이었던 친구, 동네에서 같이 노는 친구 등 다양한 친구가 있습니다. 과연 어떤 친구가 내게 가장 좋은 친구일까요?

오래 알고 지낸 친구가 가장 좋은 친구라고 생각할 수도 있습니다. 그러나 '오래 알고 지낸 친구'와 '좋은 친구'가 꼭 일치하지는 않습니다. 초등학교 때부터 알고 지낸 친구라고 그 친구가 지금 내 마음을 가장 잘 알고 있는 건 아니니까요.

이 글의 제목을 다시 한번 읽어 볼까요? 맞아요. 핵심은 '내게 좋은 친구'입니다. 모두에게 좋은 친구가 아닌 나와 잘 맞는 유일한 친구를 의미하는 거죠.

중요한 건 세월의 길이가 아니라 마음의 깊이입니다. '얼마나 서로를 아끼고 깊이 있게 생각하고 있느냐'가 핵심이죠. 세월에는 별다른 노력이 필요하지 않습니다. 가만히 두어도 그냥 흘러가니까요. 하지만 누군가의 마음을 이해하고 알아주려면 의지와 노력이 필요하죠. 세월은 저절로 흐르지만 사람 마음은 저절로 깊어지지 않는다는 사실을 꼭 기억해야 합니다.

우리는 보통 시간이 가장 값진 재산이라고 말하죠. 그러나 이 글을 통해서 여러분은 시간보다 값진 '서로를 깊이 생각하는 마음'의 가치와 힘을 깨닫게 되었을 겁니다.

그 마음을 잃지 마세요. 그럼 내게 가장 좋은 친구들과 평생 웃으며 행복하게 살 수 있습니다.

생각만으로도 웃음을 주는 친구는 누군가?

나는 그 친구에게 어떤 친구인가?

친구의 마음을 이해하려면 어떻게 해야 할까?

왜 가까운 사람과
자주 다투는 걸까?

"믿었는데 진짜 실망이야!"

"네가 나한테 이러면 안 되는 거잖아."

참 이상하죠. 그냥 길을 걷다 마주치는 사람과는 다툼이 거의 일어나지 않는데, 오히려 소중한 친구나 가족들과 자주 다투는 이유는 뭘까요?

스쳐 지나가는 사람에게는 아무런 기대도 하지 않지만, 소중한 사람들에게는 나도 모르게 기대하기 때문입니다. 소중한 만큼 기대를 하게 되고, 기대하는 만큼 실망이 자꾸만 쌓입니다. 그래서 접촉이 많아질수록 더 자주 다툼으로 연결되는 거죠.

자주 다툰다는 것이 나쁘기만 한 건 아닙니다. 서로가 서로에게 없어서는 안 될 소중한 존재라는 증거이기도 하니까요. 하지만 그렇다고 계속 다투며 지낼 수는 없습니다.

우리는 아무나 친구로 만들지 않습니다. 내 기준에서 괜찮다고 느끼거나, 나와 잘 맞겠다고 생각하는 사람과 인연을 맺죠. 주변을 둘러보면 금방 알 수 있습니다.

이 지점에서 깨달아야 할 게 있습니다. 앞서 말했듯 자꾸 다투게 된다고 서로 맞지 않는 게 아닙니다. 오히려 그게 바로 서로가 필요하다는 소중한 증거라고 볼 수 있죠. 믿고 의지하며 다가가려고 하기에 다툼도 생기는 거니까요.

다만 기대하는 수준을 조금 낮출 필요가 있습니다. 가장 좋은 방법은 내가 상대에게 기대하는 그것을 내가 먼저 주는 거예요. 좀 더 친절한 말을 기대했다면 내가 먼저 친절하게 말하고, 좀 더 좋은 태도를 기대했다면 내가 먼저 더 좋은 태도로 다가가는 겁니다.

내가 원하는 것을 상대에게 먼저 주면, 일상에서 일어나는 다툼을 많이 줄일 수 있습니다.

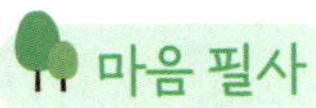 마음 필사

가까운 사람에게 오히려 짜증이 많이 나는 이유는 뭘까?

서로 다른 점을 극복하려면 어떻게 해야 할까?

소중한 사람에게 좋은 마음을 전하려면 어떻게 해야 할까?

친구가 뒤에서 남을 욕할 때
뭐라고 해야 할까?

친구가 지금 옆에 없는 사람을 자꾸 언급하며 그를 비방하거나 뒷담화에 동참하라는 식으로 부추기면 정말 난감합니다. 하지만 그럴 때도 흔들리면 안 됩니다. 지금부터 꼭 명심하세요. "너는 그 사람 어떤 것 같아? 별로지?"라는 말에 동조하지 마시고, 늘 그 사람이 가진 장점만 말해주세요.

물론 당장에는 친구가 원하는 대로 같이 험담하고 비방하는 게 즐겁고 편할 수 있어요. 하지만 이 사실을 꼭 기억해야 합니다. 그 친구는 다시 또 다른 친구에게 가서, 여러분이 다른 친구를 비방했다는 사실을 공개하고 함께 험담하기 시작할 겁니다. 그러니 단지 그 친구를 만족시키기 위해서 나쁜 길을 선택할 필요는 없습니다.

누구에 관해 물어도 늘 밝게 웃으며 그 사람이 가진 장점을 기분 좋게 들려주는 사람이 있습니다. 그들이 멋진 이유는 단순히 타인을 존중하는 품격 있는 모습이라서만은 아닙니다. 누군가의 장점을 알려줄 수 있다는 건, 그 장점을 볼 수 있는 지성과 안목을 지니고 있다는 사실을 의미합니다. 아무나 쉽게 가질 수 있는 게 아니죠.

반대로 누군가에 관해 말할 때 늘 부정적인 부분만 콕 집어서 들려주는 사람들이 있습니다. 보기에도 좋지 않고 당사자가 내가 될 땐 기분도 정말 나쁘죠. 하지만 전혀 기분 나빠할 필요가 없습니다. 안타깝게도 그건, 그가 사람들의 좋은 점을 발견할 지성과 안목이 없다는 의미니까요.

나는 친구가 없는 자리에서 친구에 대해서 어떻게 말하고 있나?

친구와 함께 누군가를 비방하면 기분이 어떤가?

앞으로 남을 험담하는 친구를 만나면 뭐라고 말할 생각인가?

SNS를 하는 건
인생의 낭비일까?

여러분도 각자 SNS를 운영하고 있을 겁니다. 그런데 어떤 사람은 "SNS는 인생의 낭비"라면서 하지 않는 게 낫다고 말합니다. 동의하시나요?

저는 생각이 다릅니다. 세상에 존재하는 모든 것에는 나름의 가치가 있습니다. 자존감이 높은 사람은 그 가치를 알고 잘 활용하죠. 하지만 자존감이 낮은 사람은 그들의 말처럼 SNS를 하며 인생을 낭비하게 될 수도 있습니다. 왜 그럴까요?

그건 바로 타인의 시선에 좌지우지될 확률이 크기 때문입니다. 혹시 여러분은 각종 SNS를 하면서 이런 생각이 들었던 적이 있나요?

'저 사람은 진짜 멋진 곳만 가네.'

'나는 저런 곳에 언제쯤 갈 수 있을까.'

'이건 너무 없어 보여서 업로드 못하겠다.'

'좀 무리해서라도 비싼 걸 사야겠다.'

'이렇게 바꾸면 좀 있어 보이나?'

안타깝게도 자존감이 낮은 사람들이 주로 하는 생각입니다. 이런 낮은 자존감으로 SNS를 하면 오히려 인생을 낭비하게 됩니다. 나와 세상을 바라보는 태도를 다음과 같이 바꾸는 게 좋습니다.

'나는 나라서 다르고, 달라서 특별하다. 나는 타인의 시선에 전혀 신경 쓰지 않는다.'

이렇게 태도를 바꾸면 순식간에 자존감을 높일 수 있고, 이전과는 다른 근사한 SNS 생활을 즐길 수 있습니다.

나의 모든 것은 내가 하나하나 다 만드는 겁니다. 지금부터 단단한 자존감으로 하루를 멋지게 살아보세요.

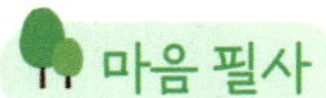

왜 내 SNS에 내 사진을 올리는 데 남을 신경 쓸까?

댓글을 쓰면서 타인의 눈치를 본 적이 있나?

앞으로 SNS를 어떤 방식으로 하는 게 좋을까?

거짓말하는 친구를
놀리는 건 잘못된 걸까?

"넌 입만 열면 거짓말만 하는 거짓말쟁이야!"

"쟤는 거짓말쟁이니까 같이 놀지 말자."

친구가 거짓말을 자주 하면 너무 화가 나서 이렇게 말할 수도 있습니다. 견디기 힘든 그 마음도 충분히 이해합니다.

하지만 친구가 거짓말을 한다고, 그게 내가 친구를 놀려도 된다는 사실을 의미하는 건 아닙니다. 게다가 '거짓말쟁이'라는 단어는 거짓말을 자주 하는 사람을 얕잡아 이르거나 놀림조로 이르는 표현이라서 좋지 않아요. 거짓말은 분명 나쁘지만 그렇다고 상대를 놀리는 건 수준 낮은 행동이기 때문입니다.

주변에 거짓말을 반복하는 친구가 있다면 거짓말쟁이라고 놀리기보다는, 거짓말이 나쁘다는 것을 이해할 수 있게 분명하게 말해주는 게 좋아요.

"네가 자꾸 거짓말하면, 우린 앞으로 친구가 될 수 없어."

"거짓을 말하는 건 나쁜 행동이야. 서로에게 상처를 줄 수 있으니까."

"보고 듣고 느낀 것을 솔직하게 말해야 대화가 더욱 풍성해지고 사이도 좋아져."

친구의 나쁜 행동을 놀리고 얕잡아 보는 건 나 자신의 성장을 위해서도 좋지 않습니다. 나쁜 말이 나온 건 결국 내 입이니까요. 친구에게 거짓말하는 게 왜 나쁜지, 앞으로 어떻게 하는 게 좋을지, 하나하나 차근차근 설명해 주세요. 놀리는 건 누구나 할 수 있는 수준 낮은 행동이지만, 친구가 좋은 모습으로 바뀔 수 있게 지혜로운 말로 도움을 주는 건 아무나 할 수 없는 수준 높은 행동입니다.

물론 친구가 당장 쉽게 변하지 않을 수도 있지만, 그냥 기다려주면 됩니다. 중요한 건 친구와 나 사이에서 내가 최선을 다했다는 사실이니까요.

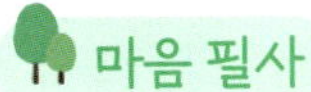

거짓말하는 친구를 놀리는 행동이 왜 내게 나쁜 걸까?

놀리는 행동으로 내가 얻는 건 뭘까?

친구의 변화를 유도하려면 어떻게 말해야 할까?

말 한마디도
왜 조심해서 해야 할까?

"내 인생은 왜 이렇게 안 풀리냐!"

"세상이 썩었어, 공평하지 않아!"

이렇게 늘 부정적으로 세상을 바라보는 친구가 한 명 있습니다. 안타깝게도 사는 내내 인생이 잘 풀리지 않아서 가끔 만나면 한숨만 쉬며 하소연을 하죠.

왜 인생이 유독 잘 풀리지 않는 사람이 있는 걸까요? 이유는 '말 한마디'에 있습니다.

20년 전, 취미로 글을 쓰던 제가 앞으로 전업 작가로 살겠다는 계획을 들려주자 그 친구는 말했습니다. "취직이 '나' 해라!"

이후 20년이라는 긴 시간이 지났고, 저는 무려 130권 이상의 책을 낸 작가가 되었죠. 그런데 최근 다시 만난 친구가 말하더군요. "나도 작가'나' 할 걸 그랬네!"

여러분은 어떻게 생각하세요? 이 친구의 한마디에 어떤 공통점이 있나요?

맞아요, 바로 '~나'라는 말을 너무나 쉽게 습관처럼 사용하고 있죠. 상대방이 어렵게 고민해서 한 선택과 공들여 이룬 것들을 자꾸 깎아내리는 이런 부정적인 말 습관은 인생을 잘 풀리지 않게 만듭니다.

말 한마디에도 마음을 담아야 합니다. '~나'를 버리고 '~도'를 사용해야 더 멋진 하루를 살 수 있습니다.

"나'도' 너처럼 열심히 노력해야겠다."

"너는 어쩌면 그것'도' 그렇게 잘하니. 너한테 배울 게 참 많은 것 같아."

한마디 말이 인생을 완전히 바꿉니다. 결코 그 한마디를 쉽게 생각하지 말아요.

나는 말 한마디를 잘못해서 후회한 적이 있나?

말 한마디에 정성을 다하려면 어떻게 해야 할까?

말을 예쁘게 하는 사람에게는 어떤 특징이 있나?

우리는 왜 서로에게
인사를 해야 할까?

"엄마가 어른을 보면 인사하라고 했지!"

"넌 친구가 지나가는데 왜 인사를 안 해?"

"네가 인사를 제대로 안 하면 엄마 아빠가 자식 교육을 제대로 못 시켰다고 생각할 거 아냐!"

어떤가요? 듣는 것만으로도 짜증이 나고 괜히 기분까지 나쁘죠. 인사를 강요하는 뉘앙스의 말이라서 그렇습니다.

우리는 어릴 때부터 인사에 관한 교육을 이런 식으로 받아 왔습니다. 아무리 좋은 것도 강요하면 하기 싫어지고 반항하게 되죠.

　물론 예절도 중요하고 부모님 체면도 중요합니다. 다만 위의 경우에는 부모님이 인사의 중요성을 강조하는 방식이 조금 잘못되었어요. '인사'까지도 남의 시선을 의식해서 교육하고 있으니까요. 좋다고 생각하는 모든 것의 기준은 '나'로 두는 게 서로를 위해 아름답습니다.

　그 전에 먼저 정의해야 할 게 있습니다. 인사는 대체 왜 하는 걸까요?

　맞아요. 인사는 내가 좋으려고 하는 것입니다. 친한 사람을 우연히 만나서 기쁜 마음을 상대방에게 전하려고 하는 것이고, 길에서 어른을 만나 반가운 마음을 전하려고 고개 숙이며 인사를 하는 거죠.

　남을 의식하며 인사했던 과거의 방식과 이별하고, 내가 가진 좋은 마음을 전하는 게 인사라고 생각하면 하기 싫다고 생각했던 인사가 다른 느낌으로 다가올 거예요. 마음을 담은 아름다운 선물을 전하는 것이 곧 인사니까요.

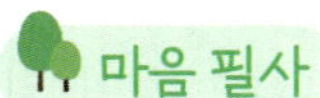 **마음 필사**

인사하면서 어떤 기분을 느끼나?

어떤 말로 인사를 하면 더 기분이 좋을까?

상대방의 마음이 전해지는 인사를 받을 때 내 기분은 어떤가?

명령하듯 말하면
왜 기분이 나쁠까?

코로나바이러스가 처음 확산하던 시절 모두 마스크를 써야 했죠. 하지만 마스크가 익숙하지 않아 불편했던 아이들은 싫다고 거부하기도 했습니다. 여러분도 그런 경험이 있죠?

그때 어떤 부모는 아이에게 이런 방식으로 반응했어요.

"마스크 쓰라고 했지. 마스크 써야 나갈 수 있어. 안 쓰면 안 나갈 거니까 알아서 해."

어떤가요? 듣기에 편하지 않습니다. 압박하고 겁을 주는 명령식의 말이라서 그렇습니다. 하지만 같은 상황에서 다른 방식의 말을 사용한 부모도 있습니다.

"마스크 쓰면 밖으로 나갈 수 있어. 어때? 같이 마스크 쓰고 산책하러 나갈까?"

전자는 마스크를 쓰지 않으면 나갈 수 없다고 말했고, 후자는 마스크를 쓰면 나갈 수 있다고 말했습니다. 말의 목적은 같지만 듣는 사람 입장에서는 완전히 다른 기분을 느끼게 되죠. 같은 말도 부정어로 명령하듯 말하면 기분 나쁜 뉘앙스가 강해지고, 긍정어로 의견을 묻듯 말하면 듣기만 해도 기분 좋은 뉘앙스가 강해집니다.

참 안타깝게도 부정적인 말버릇을 가진 사람들은 쉽게 고치지 못합니다. 익숙해져서 편하기 때문이죠. 하지만, 시간이 걸리더라도 반드시 고칠 필요가 있습니다.

명령하듯 말하는 사람들은 매번 부정적인 마음과 생각으로 세상을 대하기 때문에 인생 자체도 그런 방향으로 흐를 가능성이 높습니다. 빠르고 쉽게 문제를 해결하려는 마음이 자꾸만 상대방에게 명령하듯 말하게 만듭니다. 그게 가장 쉽고 간단하거든요. 그 마음을 잠시 내려놓고 주변을 바라보며 차분하게 말하는 버릇을 들여보세요. 그래야 내 안에 깃든 나쁜 말버릇의 흔적을 지울 수 있습니다.

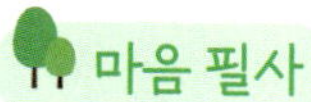 마음 필사

어떻게 말해야 예쁘게 살 수 있을까?

좋은 일만 일어나는 사람들은 어떤 말을 자주 할까?

차분하게 그리고 다정하게 말하려면 무엇이 필요할까?

어떻게 말해야 예쁘게 살 수 있을까?

열등감은
어디에서 시작하는 걸까?

'나는 왜 이렇게 매번 부족한 거지?'

'나도 저 친구처럼 뭐든 잘하고 싶은데!'

이상한 게 아닙니다. 누구든 이런 생각을 하니까요. 다만, 성적이 좋은 친구를 보면서 '나는 왜 공부를 잘 못하는 걸까?'라고 생각하고, 운동을 잘하는 친구를 보면서 '나는 왜 운동도 못하는 걸까?'라고 생각하면, 그 삶이 온전할 수 있을까요?

남이 가장 잘하는 것과 내가 가장 못하는 것을 비교하면서 살면 결국 상처받는 건 나 자신입니다. 그래서 열등감이 나쁘죠.

이런 열등감은 대체 어디에서 시작하는 걸까요? 바로 자기 자신을 혐오하고 미워하는 마음에서 시작합니다. 나를 망치는 세상의 모든 문제는 나 자신을 미워하는 마음에서 나온다는 사실을 꼭 기억해야 합니다.

그러나 참 힘든 문제입니다. 한번 열등감에 빠지면 쉽게 벗어나기 힘드니까요. 방법이 하나 있기는 합니다. 그건 바로 '남과 비교하는 마음'을 버리는 것입니다.

말했듯이 내가 가장 못하는 것과 상대방이 가장 잘하는 것을 비교하는 건 자기 자신을 향한 폭력과도 같습니다. 스스로를 못살게 만드는 거죠.

물론 상대방의 장점을 보는 태도는 아주 좋습니다. 다만 그런 좋은 태도가 열등감이 되지 않게 하려면 상대방의 장점을 찾듯이 매일 내가 가진 장점을 스스로 찾아야 합니다. 그게 공평한 거죠.

그래야 상대방의 장점을 내가 배울 수도 있고, 상대방의 성장과 성공에 진심으로 축하해 줄 수도 있습니다. 누군가의 좋은 소식을 축하하며 내가 작아지고 기분이 나빠진다면, 그건 제대로 된 축하라고 볼 수 없습니다. 진짜 축하는 나와 상대방 모두의 마음에 웃음이 깃드는 거니까요.

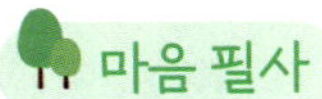 **마음 필사**

열등감이 생기지 않으려면 태도를 어떻게 바꿔야 할까?

나 자신을 미워하는 마음은 내 삶에 어떤 영향을 미칠까?

내가 생각하는 나의 장점을 3가지만 꼽는다면?

Forest of Questions

매일 하루가 더 풍요로워지는 질문

"모든 것을 질문하라. 무언가 배우라.

아무것도 답하지 말라."

에우리피데스

같은 책을
왜 반복해서 읽어야 할까?

부모님은 아이가 같은 책을 반복해서 읽으면 걱정합니다. 내 아이가 좀 더 다양한 책을 폭넓게 읽기를 바라는 그 마음은 이해할 수 있어요. 여러분도 잘 알고 있을 겁니다. 그런데 제가 왜 제목에 같은 책을 반복해서 읽는 게 마치 좋은 것처럼 썼을까요? 실제로 좋기 때문입니다.

주변을 살펴보면 아이든 어른이든 같은 책을 오랫동안 반복해서 읽는 사람들이 있습니다. 저도 새로운 책 집필을 위해 읽는 책을 제외하곤 매년 괴테가 쓴 책 1권을 반복해서 읽고 있어요. 1년 1권 독서를 15년 이상 유지하고 있죠. 이유가 뭘까요? 그냥 그 책이 좋아서 그런 걸까요? 그렇지 않습니다.

같은 책을 반복해서 읽는 이유는 읽을 때마다 전에는 몰랐던 새로운 깨달음을 얻기 때문입니다. 한 번 읽어서는 이해하지 못했던 부분이 두 번 읽을 때 비로소 눈에 들어오기도 하고, 세번, 네 번 읽으며 이전에는 느끼지 못한 감정을 느끼거나 별로라고 생각했던 부분이 다시 읽으며 좋게 바뀌는 경험을 하기도 합니다. 사람도 그렇잖아요. 한 번 볼 때와 두 번 볼 때가 다르죠.

그래서 깨달음은 몸소 경험한 자의 몫입니다. 물건처럼 누가 준다고 받을 수 있는 게 아니죠.

이 사실을 꼭 기억하세요. 같은 책을 반복해서 읽으며 더 나은 내가 된다는 것을요. 읽을 때마다 다른 부분을 볼 수 있는 아주 특별한 능력이 생겨나기 때문이죠. 그러니 지금 여러분이 읽는 이 책부터 시작해 보세요.

같은 책을 반복해서 읽어본 경험이 있나?

반복이 지루한 이유는 뭘까?

1년에 1권만 읽는다면 어떤 책을 선택하겠는가, 그 이유는?

왜 내가 좋아하는 걸
해야 할까?

좋아하는 일을 해야 성공할 수 있고, 행복하게 살 수 있다는 말을 정말 지겹도록 자주 듣습니다. 왜 어른들은 같은 이야기를 반복해서 들려주는 걸까요?

거기에는 분명한 이유가 있습니다. 뭐든 자신이 중심에 서야 일이 제대로 돌아가기 때문입니다. 남의 눈치를 보며 선택의 기준을 잡고 시작한 일은 오래갈 수가 없죠. 애초에 흥미가 없는 일일 테니까요.

쉽게 말해서 내가 무슨 일을 하든 그 일의 주인은 눈치를 보게 만든 그 사람입니다. 내가 주인이 아닌 일에서 나는 어떤 흥미와 보람도 느낄 수 없습니다.

아무리 일의 결과가 좋아도 과정에서 보람을 느끼지 못하면, 기계적으로 반복만 하게 됩니다. 그 안에 정성이나 영혼을 담을 수 없죠.

자신이 좋아하는 걸 해야 웃으면서 계속할 수 있습니다. 실패해도 웃을 수 있고, 크게 넘어져도 웃으며 일어나 당당하게 달릴 수 있죠.

다른 사람의 눈치를 보면 결국 내가 원하는 것과는 한참 동떨어진 이상한 것을 하고 있는 나 자신을 발견하게 됩니다. 그러니 꼭 내가 좋아하는 일을 해야 합니다.

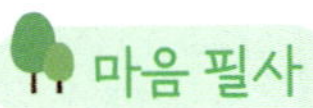

내가 좋아하는 일은 무엇인가?

실패해도 웃으며 할 수 있는 일은 무엇인가?

결과는 좋았지만 별 느낌이 없었던 일은 무엇인가?

사람의 장점을 알아보는 게
왜 중요할까?

간혹 타인의 단점만 찾아내는 사람이 있죠. 이유는 간단해요. 열등감 때문입니다. 그래서 못난 자신을 위로하기 위해, 저 사람이 나보다 못하다는 증거만 수집하며 살죠.

같은 상황에서 타인의 장점을 찾아내는 것은 그래서 매우 귀한 능력입니다. 자기 자신에게 어떤 열등감도 없이 좋은 것만 보며 산다는 것을 증명하는 거니까요. 강한 의지와 높은 지성이 있어야 가능한 어려운 일이죠.

많은 사람이 지성의 중요성은 알지만, 의지는 사소하게 생각하는 경향이 있습니다. 하지만 의지는 매우 소중한 재산입니다. 새로운 일을 시작했을 때 어떤 사람은 하루만에 포기하고 또 어떤 사람은 일주일 해보고 포기하죠. 하지만 그 일을 완벽하게 해낼 때까지 절대로 포기하지 않는 사람도 있습니다. 바로 강인한 의지를 갖고 사는 사람들이 그 주인공입니다.

누구든 살면서 열정에 붙타는 때가 있습니다. 문제는 일시적이라는 겁니다. 그래서 의지가 매우 소중합니다. 의지가 있어야 무언가를 해낼 수 있고, 해내는 과정에서 무언가를 배울 수도 있죠.

의지와 지성은 서로 연결되어 있습니다. 의지를 가져야 지성을 쟁취할 수 있죠. 사람의 장점을 찾아내려는 시도는 그래서 참 중요합니다. 365일 내내 의지를 갖고 살게 만들어 주니까요. 타인의 장점을 발견하려는 태도는 내 의지를 강하게 단련하고 키우는 연습이 됩니다.

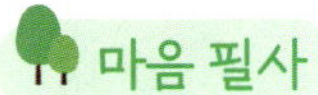 **마음 필사**

나는 사람들의 단점만 보나 아니면 장점을 보나?

친구의 장점을 찾으려면 어떻게 해야 할까?

최근 발견한 친구의 장점은 무엇인가?

어떤 사람이
가장 행복한 사람일까?

　누구나 조언을 하거나 받아본 경험이 있을 겁니다. 이때 상대방을 정말 아끼는 사람들은 조언을 듣는 상대방 본인보다 더 상대를 걱정하면서 조심스럽게 조언을 합니다. 진심으로 그가 잘 되기를 바라는 마음으로요. 그 다정한 마음이 전해지지 않을 리 없겠죠.

　하지만 꽤 많은 사람이 간섭 같은 조언을 건넵니다. 상대가 내 생각보다 잘되지 않아서 통쾌한 마음이 속에 깔려있지요. 누군가에게 조언을 할 때 내가 건네는 말이 조언인지 아니면 조언을 가장한 간섭인지 스스로도 헷갈릴 땐 조언 이후 느껴지는 마음의 결을 관찰해 보세요.

여기에서 우리는 이런 사실을 알 수 있죠. 진짜 행복한 사람은, 생각하면 마음이 아플 정도로 걱정되는 소중한 사람들이 많다는 것을요.

소중한 사람과 함께 마라톤을 한다고 생각해 보세요. 그가 도착 지점까지 포기하지 않고 무사히 갈 수 있게 도와주면, 어떤 일이 생길까요?

맞아요, 시간이 흐른 후 주변을 살펴보면 나 역시 도착 지점까지 무사히 왔다는 것을 알게 됩니다. 소중한 사람들을 돕는 건 결국 나를 돕는 것과 같습니다. 상대를 진심으로 생각하며 들려준 조언으로 오히려 내가 행복해지는 것처럼 말이죠. 진짜 행복을 아는 사람들은 이 멋진 사실을 경험한 사람들입니다.

자, 행복은 누가 내게 선물처럼 주는 걸까요? 아니면 내가 스스로 찾아내는 걸까요? 후자라는 사실을 이제 모두 알겠죠.

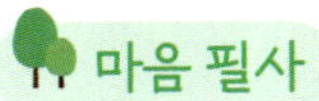 **마음 필사**

이제 조언을 할 때 어떤 마음으로 해야 할까?

나는 누구와 있을 때 가장 행복한가?

내게 소중한 사람들에게는 어떤 공통점이 있는가?

왜 작은 일부터
차근차근 시작해야 할까?

　어떤 분야에서 일을 시작하든 처음에는 내가 정말 하고 싶은 멋지고 커다란 일이 주어지지 않습니다. 누가 해도 해낼 수 있을 것 같은 너무 사소하고 간단해 보이는 일만 주어지죠. 대체 이유가 뭘까요?

　여러분이 좋아하는 드라마나 영화 속 배우를 떠올려 보세요. 멋진 주인공 역할을 근사하게 해내는 배우들을 보면 대개 존재감이 없는 단역을 오랫동안 맡으며 긴 세월을 보냈다는 공통점이 있습니다. 모두가 주인공에게 관심을 줄 때 그들은 혼자 묵묵히 자신의 역할에 최선을 다했습니다. 물론 그토록 원하던 주인공이 되지 못한 채 중간에 포기한 사람도 있습니다.

능력의 차이가 아닙니다. 생각이 달랐기 때문이죠. 자신의 꿈을 포기하지 않고 작은 일부터 하나하나 해낸 후 마침내 주인공이 된 사람들은 단역 시절 이런 생각을 했을 겁니다.

'원래 주인공은 긴 준비 기간이 필요해. 나는 지금 사소한 역할을 맡은 게 아니야. 대단한 꿈을 펼치기 위해 하나하나 준비하고 있는 거야.'

내가 부족하고 사소한 사람이라서 지금 작은 일이 주어진 게 아니라, 멋진 일을 해내기 위한 일종의 준비 과정이라고 생각한 거죠. 기본부터, 작은 것부터 쌓아나가야 나중에 더 크고 어려운 일도 해낼 수 있습니다. 모든 것에는 순서가 있는 법이니까요.

같은 일을 해도 생각의 방향을 바꾸면, 같은 고생을 해도 고생으로 느껴지지 않습니다.

짝
짝
짝

 **마음 필사**

왜 처음에는 뭐든 작은 것부터 시작하는 걸까?

어떤 마음가짐을 갖고 일을 대하는 게 좋을까?

앞으로 매일 어떤 작은 일을 시작해 볼까?

좋아하는 일을 찾지 못했다면
어떻게 해야 할까?

저는 지금까지 130권의 책을 냈습니다. 주변에서는 "어떻게 낸 책들 모두 독자들의 사랑을 받을 수 있는 거야?"라고 묻기도 합니다. 그러나 처음부터 그랬던 건 아닙니다. 솔직히 고백하면 초반 30권 정도는 아예 독자의 선택을 받지 못했습니다. 하지만 저는 조금도 실망하지 않았습니다. 오히려 웃으며 되뇌었죠. '이 방법도 아니구나. 좋아, 그럼 다른 방법을 찾아보자.'

사랑받지 못하고 팔리지 않는 책을 냈다고 자책하기보다는, 이건 좋은 방법이 아니니 다른 좋은 방법을 찾아보자고 스스로 다짐한 거죠. 이처럼 좋아하는 일을 하는 사람은 결코 '실패'

라는 단어를 사용하지 않습니다. 더 좋은 방법을 찾아가는 과정의 일부라고 생각하죠. 그렇게 저는 130권의 책을 낸 작가가 될 수 있었습니다. 저처럼 좋아하는 일을 시작한 사람은 중간에 포기하지 않고 오랫동안 할 수 있게 됩니다. 그럼, 더 분명한 목적의식과 자기만의 향기를 가진 사람으로 성장하게 되죠.

물론 누구나 좋아하는 일을 찾을 수 있는 건 아닙니다. 참 어려운 일이죠. 어른이 되어서도 자신이 좋아하는 일이 무엇인지 몰라서 방황하는 경우도 있으니까요. 그럼 어떻게 해야 할까요? 분명한 방법이 하나 있습니다.

자신이 좋아하는 일을 찾아낼 수 없다면, 지금 하는 일을 좋아하면 됩니다. 방법은 어렵지 않아요. 앞서 언급한 것처럼 대상을 바라보는 내 시각을 바꾸면 됩니다.

예를 들어, '공부'라는 단어를 떠올려보죠. 사람들은 학교에서 배우는 과목에 공부라는 말을 붙이지만, 저는 모르는 걸 배우는 일에 공부라는 말을 붙입니다. 그래서 저에게 공부는 사는 내내 즐겁게 해야 할 아름다운 선물로 느껴지죠.

내가 변하면 삶도 변하듯, 내 시각이 바뀌면 그 일을 바라보는 내 마음도 바꿀 수 있습니다.

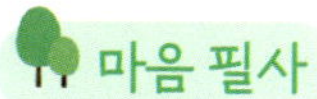 **마음 필사**

나는 무엇을 할 때 시간 가는 줄 모르고 집중하게 되나?

좋아하는 일을 하는 사람들의 공통점은 뭘까?

지금 하는 일을 좋아하려면 관점을 어떻게 바꿔야 할까?

타인에게 도덕과 정의 실현을
기대할 수 있을까?

하루는 이런 내용의 기사가 나온 적이 있습니다. 여러분도
한번 읽으며 생각해 보세요.

- 경찰 '사교육 카르텔과 부조리' 수사

- 입시학원에 문제 판 교사들 수백억 챙겨

사실, 뭐 놀랍지도 않습니다. 이런 일은 정말 자주 일어나
니까요. 저는 굳이 세상이 공평하지 않다고 그들을 비난하거나,
정의가 죽어간다고 외치고 싶지 않습니다. 이유는 간단해요. 도

덕과 정의는 원래 아무나 가질 수 없는 고귀한 것이기 때문입니다. 도덕과 정의를 돈에 파는 사람들에게 무엇을 더 기대할 수 있겠어요?

또한, 그것들은 남에게 요구할 것이 아니라, 내가 나 스스로에게 요구해야 하는 것들입니다. 내가 도덕적이고 정의롭다면, 나와 같은 사람들이 하나둘 모여 세상도 그렇게 바뀌는 거니까요. 늘 자신을 들여다보세요. 바깥을 보면 분노할 것만 보이지만, 나를 보면 바꿀 수 있는 것들이 보입니다. 세상은 그렇게 나로부터 조금씩 나아지는 것이죠.

"소시지와 법률이 어떤 과정으로 만들어지는지 모를수록, 사람들은 잠을 더 잘 자는 법이다."

독일 제국의 첫 수상 비스마르크는 이런 말을 남겼다고 알려져 있습니다.

대충 어떤 말인지 짐작할 수 있을 것입니다. 세상이 나를 위해 움직이거나, 약자와 힘든 자를 도울 것이라는 생각은 조금도 하지 않는 게 정신건강을 위해 좋습니다. 또한, 보이지 않는 곳에서 도덕과 정의가 작동해 줄 것이라는 기대도 아예 접는 게 좋아요.

다시 강조하지만, 도덕과 정의는 인간이 쉽게 도달할 수 없는 높은 경지에 있는 지성이니까요. 세상 어떤 방법을 동원해도 다른 사람을 억지로 제어할 수는 없으니, 결국 현실을 바꾸려는 목적으로 무언가를 해내고 싶거나, 어떤 아름다운 변화를 보고 싶다면 방법은 하나입니다. 나만 잘하면 됩니다.

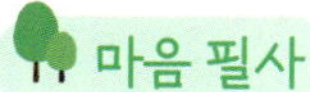 마음 필사

도덕과 정의를 입으로만 외치는 사람의 특징은 무엇인가?

나는 도덕과 정의를 입으로만 외치고 있는가, 실현하고 있는가?

도덕과 정의를 실현하는 방법에는 무엇이 있을까?

인간의 기품을 지키려면
왜 문해력이 필요할까?

　'행정고시 7회 수석 출신'이라는 말이 적힌 기사에 매우 진지한 뉘앙스로 이런 댓글이 하나 달렸습니다.

　"와! 행정고시 7회 수석이라면, 일곱 번 수석을 했다는 건가요?"

　여러분은 어떤 생각이 드나요? 혹시 이 댓글이 남긴 의미를 생각하느라 많은 시간이 필요했나요? 아니면 바로 말도 안 되는 이 상황을 쉽게 파악할 수 있었나요?

　'7회 수석'이라는 말이 조금 애매하게 느껴질 순 있다고 해도, 보통의 경우라면 같은 시험을 굳이 일곱 번이나 봐서 수석을 차지할 이유는 없다고 생각할 테니 이런 오해는 하지 않겠죠. 행정고시가 어떤 시험인지 잘 모르더라도 문맥의 전반적인 의미를 유추할 수 있었다면 이런 댓글을 남기지 않았을 겁니다. 게다가 '7회'와 '일곱 번'은 완전히 다른 의미의 말이죠. 이건 지식이나 배움의 차이가 아니라, 기본이자 기초적인 언어 영역의 문제입니다. 안타깝게도 갈수록 기본적인 문해력을 잃어가고 있습니다.

저는 여러분께 제안하고 싶어요. 아래 세 가지만 지켜도 지금보다 더 높은 문해력은 물론, 생각이 깊은 기품 있는 사람으로 성장할 수 있을 겁니다.

① 이모티콘 사용 줄이기
② '너무', '대박', '소름' 등의 말 쓰지 않기
③ 쇼츠나 릴스는 최대한 시청하지 않기

어떤가요? 당장은 쉽지 않겠지만 언어라는 건 조금씩 익숙해지는 거라서, 이런 삶에 익숙해지면 오히려 예전으로 돌아가는 게 더 힘들어질 거예요.

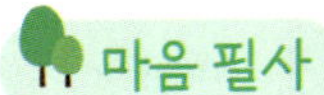 **마음 필사**

문맥을 잘못 이해해서 실수한 경험이 있나?

이모티콘을 자주 사용하면 어떤 단점이 있을까?

문해력이 좋은 사람은 일상생활할 때 어떤 장점이 있을까?

문맥을 잘못 이해해서 실수한 경험이 있나?

진심을 담아 전하는 위로가
왜 소중한 걸까?

하루는 유명 방송인이 자신의 SNS에 이런 내용의 글을 남겼습니다. 한번 여러분도 읽고 글에 어떤 마음이 녹아 있는지 생각해 보세요.

"나는 지난 30년 동안 딱히 발전한 것도 없이 그냥 있었을 뿐인데, 모두의 도움으로 이 자리에 올 수 있었다."

30년 동안 꾸준히 하나의 일을 반복하며 꿈을 키워온 그의 시간을 그려보세요. 눈물 나는 시간도 있었을 거고, 그만두고 싶었던 나날도 참 많았을 겁니다. 저는 그의 30년을 상상하고 또 그리다가 바로 이런 댓글을 남겼습니다.

"그 자리에서 30년을 버틴 것 자체가 세상에서 가장 어렵고 아름다운 일입니다. 아무나 할 수 없는 그걸 해내신 덕분에, 아무나 만날 수 없는 멋진 현실을 맞이하셨네요. 아주 많이 축하드립니다."

여러분이라면 제가 쓴 이 댓글을 읽고 마음이 어땠을까요? 지난 30년이 아름답게 느껴지면서 스스로가 많이 자랑스러워졌을 겁니다.

한마디 말과 한 줄의 글이 사람 마음을 크게 움직일 수 있습니다. 세상 사람들이 모두 진심을 담아 한마디 위로를 전할 수 있다면, 우리는 더 아름다운 세상을 만들 수 있을 겁니다. 먼저 수고한 여러분 자신에게 그런 한마디를 들려주는 시간을 가져보세요.

아무리 작은 일이라도 그것이 실제로 이루어질 때까지는 불가능해 보이는 법입니다. 안타까운 건, 딱 한 걸음만 걸어가면 만날 수 있는 성취의 순간을 놓치는 경우가 많다는 사실이죠.

그 순간이 과연 언제일까요? 너무 힘들어서 도저히 견디지 못할 것만 같은, 바로 그때입니다. 그때 딱 한 걸음만 걸어가면 이전에 볼 수 없던 다른 세상을 만날 수 있어요. 여러분도 공감하시죠? 살다 보면 그런 힘든 날이 찾아옵니다. 그때 스스로에게 이런 말을 들려주세요.

“앞서 나가지 못한다고 자책하지 마. 그 자리를 지켜내고 있다는 사실 하나만으로도 충분히 너는 멋지니까. 잘하고 있어. 그래서 나는 내 미래를 자꾸 기대하게 돼.”

 **마음 필사**

나는 어떤 말을 들을 때 가장 힘이 나는가?

힘든 상황의 친구에게 어떤 말을 들려주는 게 좋을까?

힘들어도 견디며 무언가를 이룬 사람을 보면 어떤 말을 해주고 싶은가?

행복은 고생해야
얻을 수 있는 것인가?

　사람들은 간혹 "고생 끝에 행복이 온다"라고 말합니다. 정말로 그 말이 사실이라면, 지금 최선을 다해서 고생하는 사람들이 모두 행복해져야 하는데 현실은 그렇지 않죠.

　참 신기한 일입니다. 고생한 만큼 행복해지지는 않고 오히려 왜 사는 나날이 고통의 연속일까요? 행복은 고통 끝에서 오는 게 아닌, 지금 행복을 붙잡고 즐기는 자에게 다시 또 찾아오는 감정이기 때문입니다.

　행복해지려고 너무 서두르지 마세요. 그리고 고생해야만 행복해질 수 있다는 생각에 지금의 행복을 자꾸만 뒤로 미루지 마세요. 행복은 적금처럼 가장 마지막에야 만날 수 있는 결과물이 아니라, 작고 소소한 일상이라는 과정에서 만날 수 있는 감정입니다.

가끔은 조금 늦게 일어나도 됩니다. 부지런한 나날도 좋지만 때로는 자신에게 쉴 수 있는 시간을 주는 것도 중요하죠. "늦어서 어쩌지! 완전히 하루 망쳤네"라고 말하지 말고, "조금 늦을 수도 있지. 고생하는 내게 쉴 시간을 준다고 생각하자"라고 말하면, 스스로 행복한 시간을 즐길 수 있습니다.

하루 지각한다고 인생이 달라지지는 않습니다. 작은 실수나 패배에 너무 오래 힘들어하지 마세요. 너무 심각해지면 나만 손해입니다. 모든 것이 다 잘 되고 있다고 생각하며 스스로에게 편안한 시간과 공간을 허락해 주세요. 그럼 매일 조금씩 더 행복해질 수 있습니다.

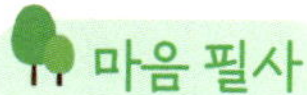

같은 고통의 상황에서도 행복한 사람의 생각은 뭐가 다를까?

나는 매일 어떤 행복을 내게 허락하고 있나?

행복은 만드는 걸까, 발견하는 걸까?

독서와 공부,
글쓰기는 왜 고통스러운 걸까?

제가 책에서 반복해서 강조하고 있는 독서와 공부, 그리고 글쓰기의 공통점이 뭘까요?

맞아요. 더 나은 나를 만들기 위한 가장 지적인 과정이라는 것입니다. 오늘 읽은 한 장이, 방금 배운 지식 하나가, 그렇게 깨달은 지혜로 써낸 글 한 편이 어제보다 나은 오늘의 나를 만들어 주죠.

그러나 실천은 정말 어려운 게 사실입니다. 저도 30년째 새벽 3시에 일어나서 매일 원고지 50매 이상의 글을 쓰고, 농밀한 독서와 공부를 반복하고 있지만, 아직 습관이 되지는 않았습니다. 매일 하기 싫은 마음을 완전히 이겨내지는 못했기 때문이죠. 세상 모든 소중한 일이 다 그런 것 같습니다. 의지를 가지고 반복해야 겨우 해낼 수 있죠.

그러나 저는 분명히 확신할 수 있어요. 매일 독서와 공부, 글쓰기를 반복하는 사람의 하루는 고통스럽지만 반대로 희망으로 가득합니다. 잘 생각해 보면 고통과 희망은 하나의 몸으로 이루어져 있다는 사실을 알 수 있습니다.

이렇게 생각하시면 이해가 쉽습니다. 더 큰 사람이 되려면 반드시 독서와 공부, 글쓰기를 해야 하고, 세상은 훗날 크게 될 사람을 반드시 '고통'이라는 터널을 통해 시험합니다. 읽고 공부하고 쓰는 나날이 힘든 이유가 바로 여기에 있습니다.

매일 배우고 내면에 그것을 쌓으며 그 과정에서 암흑과도 같은 고통의 터널을 지나게 되지만, 여러분이 알고 있는 것처럼 모든 터널의 끝에는 희망과도 같은 환한 빛이 존재하죠.

꼭 기억하세요. 어렵지만 포기하지 않고 끝까지 해내는 사람은 결국 원하는 모든 것을 가질 수 있습니다.

 **마음 필사**

소중한 일은 왜 습관이 되기 어려운 걸까?

새벽에 일어나서 무언가를 하는 건 왜 힘든 걸까?

내 삶에 좋은 것들을 실천하려면 어떤 태도가 필요할까?

Forest of Questions

세상을 올바르게 이해하는 안목을 기르는 질문

"중요한 것은 질문을 멈추지 않는 것이다.

호기심은 그 자체로 존재할 이유가 있다."

알베르트 아인슈타인

왜 인사를 건네는 것이
귀한 재능이 되었을까?

"안녕하세요, 교수님! 방탄소년단 진입니다. 방송 일정으로 홍콩에 있어서 수업에 불참하게 되었습니다. 죄송합니다."

방탄소년단의 진이 대학 시절 교수님에게 보낸 메시지입니다. 느낌이 어떤가요? '나이도 어린데 스타가 참 겸손하네'라고 대수롭지 않게 생각하며 넘길 수도 있지만, 저는 참 귀한 재능을 가졌다고 느꼈습니다. 그 이유는 바로 "안녕하세요, 교수님"이라는 말에 있습니다.

호칭을 부르며 인사를 건네는 건 지극히 당연하지만, 요즘에는 용건만 나열하거나 무례한 방식으로 소통하는 사람들이

기하급수적으로 늘고 있습니다.

많은 사람이 최소한의 예의도 없이 살고 있는 요즘, 만약 여러분이 방탄소년단의 진처럼 일상에서 만나는 소중한 이들에게 예의를 갖추고 인사를 건넨다면 인생이 어떻게 달라질까요?

방탄소년단이 세계의 중심에 설 수 있었던 것도 어찌 생각해 보면 특유의 인사성과 인성에 있는지도 모릅니다. 보기만 해도 밝은 기운이 느껴지는 사람들을 누가 좋아하지 않을 수 있을까요?

누구든 아주 사소한 변화로 요즘 시대에 '재능'이라고 불릴 정도로 귀한 이 태도를 가질 수 있습니다. 적절한 호칭으로 상대를 부르고 인사로 대화를 시작하는 건 꼭 상대방을 위한 것만이 아닙니다. 인간으로 살아가는 자기 자신을 향한 최소한의 예의이기도 합니다.

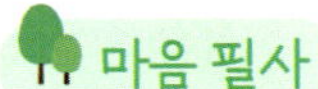

나는 사람을 만날 때 인사를 건네고 있나?

앞으로는 문자나 메일을 쓸 때 서두에 뭐라고 쓸 예정인가?

최소한의 예의 안에는 무엇이 포함될까?

양치질과 세수는
왜 귀찮은 걸까?

　양치와 세수, 정말 지긋지긋하죠. 그냥 하루에 한 번만 하면 얼마나 편하고 좋을까요. 양치질과 세수가 이렇게 귀찮게 느껴지는 이유는 뭘까요?

　간단히 말하면 별로 소중하지 않다고 생각하기 때문이죠. 그러니까 가치가 없다고 여기는 거예요. 양치질은 매일 세 번은 꾸준히 해야 하니 거기에 쓰는 시간과 노력이 아깝다고 생각할 수 있습니다. 그 시간에 차라리 잠을 더 자거나 게임을 하는 게 낫다고 생각하게 되죠.

　실제로 너무 일이 많아서 힘들고 몸이 아픈 날에는 양치질이나 세수를 하지 않고 잠들 때도 있습니다. 그럼 어떻게 될까요? 이나 피부에 문제가 생겨서 결국에는 병원에 가게 됩니다. 내가 내 몸을 제대로 돌보지 않으면 다른 사람의 지도를 받게 되는 거죠.

우리는 살면서 귀찮은 일을 자주 겪습니다. 그럴 때마다 '내가 이것들을 귀찮게 여기는 이유는, 아직 이 일의 가치를 제대로 몰라서 소중하게 생각하지 않기 때문이 아닐까?' 하고 생각해볼 필요가 있어요. 문제는 그 대상이나 일을 바라보는 내 시각에 있었던 거죠.

거리에서 바닥에 떨어진 쓰레기를 줍거나, 동네를 걷다가 어른들에게 인사하는 일의 소중한 가치를 안다면 좀 더 즐겁게 할 수 있듯이 이제는 단순히 귀찮다고 생각하지 말고, 내 눈에 보이는 가치를 찾으려고 노력해 보세요.

충치가 없는 반짝이는 하얀 치아와 매끄럽고 단정한 얼굴, 이런 것들이 주는 가치를 생각할 수 있게 되면 조금 귀찮아도 양치질과 세수에 시간을 투자할 수 있게 됩니다.

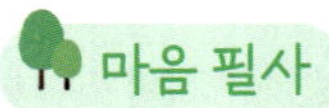

앞으로는 양치질과 세수를 어떤 마음으로 할 생각인가?

일상에서 귀찮지만 꼭 해야 하는 게 또 뭐가 있을까?

귀찮은 걸 매일 반복하면 어떤 변화가 일어날까?

왜 유튜브나 게임에
중독될까?

유튜브나 게임에 쉽게 중독되는 이유가 내면이 나약하거나 자신을 절제할 힘이 없어서라고 생각하는 건 큰 오해입니다. 이유는 전혀 다른 곳에 있죠. 어른들이 복권이나 각종 도박을 좋아하는 이유와 비슷해요. 복권과 도박, 그리고 유튜브와 게임의 공통점이 무엇일까요?

그건 바로 '빠른 결과'를 얻을 수 있다는 점입니다. 기나긴 과정을 거칠 필요 없이 클릭 한 번이면 바로바로 답이 나오기 때문이죠.

크게 보면 유튜브나 게임도 다르지 않아요. 가장 자극적인 장면이나 말로 결과만 빠르게 보여주죠. 클릭 하나로 수많은 결과를 확인할 수도 있습니다. 갈수록 더 짧게 만든 쇼츠와 릴스가 요즘 유행하고 있습니다. 영상 하나당 시간은 길어야 1분이지만, 한번 보면 나도 모르게 알고리즘에 이끌려 1시간을 허비하게 되죠.

결과도 좋지만 모든 것의 핵심은 과정에 있습니다. 과정을 나의 것으로 만들지 못하면, 그 안에서 아무것도 배우지 못하고 그저 중독으로만 끝나기 때문입니다.

중독에 빠지고 싶지 않거나 중독에서 벗어나고 싶다면, 책을 읽는 습관을 한번 가져보세요. 무조건 끝까지 다 읽을 필요는 없어요. 독서 역시 결과보다는 과정이 중요하니까요. 그게 힘들면 유튜브를 시청하거나 게임을 즐긴 후에 느낀점을 글로 쓰는 것도 좋아요. 과정을 종이에 남기면서 무언가를 얻을 수 있으니까요.

꾸준히 하지 않아도 괜찮으니 한번 시작해 보세요. 곧 달라진 나를 만날 수 있게 될 거예요.

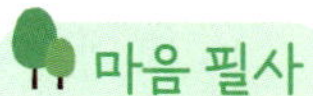 마음 필사

뭐든 적당히 즐기려면 어떻게 하는 게 좋을까?

앞으로 유튜브나 게임을 어떤 원칙으로 봐야 할까?

중독이 되지 않으려고 노력하면 무엇을 얻게 될까?

인생이 지루하고 심심할 땐
어떻게 해야 할까?

'내 인생은 왜 이렇게 지루한 거야. 친구들은 즐거운 일도 많은 것 같던데…….'

가끔 친구들의 일상을 보면서 부러울 때가 있어요. 나만 지루한 삶을 사는 것처럼 느껴지기도 하고요. 하지만 이것 하나는 분명히 해야 합니다. 지루하고 심심하다는 건 부정적인 감정일까요?

정말 중요한 부분입니다. 사람들 대부분 지루하고 심심한 현재의 상황을 벗어나야 할 부정적인 상태라고 말합니다. 실제로 벗어날 다양한 방법을 제시하기도 하죠. 그런데 늘 활기차고

흥미진진한 인생이 과연 있을까요? 아니, 과연 그게 좋은 인생일까요?

그렇지 않습니다. 인생은 2시간짜리 영화를 흥미롭게 압축한 5분짜리 소개 영상이 아닙니다. 늘 좋을 수도 없고, 늘 기력이 넘칠 수도 없어요.

인생이 지루하고 심심하다고 해서 억지로 벗어나려고 힘을 내거나, 의도적으로 많은 사람을 만나며 활기를 더하려고 애쓸 필요가 없습니다. 지루하고 심심해진 이유는 내 인생에 그 시간이 필요했기 때문입니다. 필요할 때 잘 찾아온 반가운 손님과도 같죠.

이렇게 생각의 태도를 바꾸면 마음가짐도 달라집니다. 심심하게 가만히 있는 시간을 가치 없는 시간이라고 생각하지 마세요. 누구의 방해도 받지 않고 혼자 머무는 시간을 충분히 즐기면서 우리는 다른 누구도 줄 수 없는 내면의 힘을 스스로 쌓을 수 있습니다. 그렇게 얻은 힘으로 다시 세상에 나가 전력을 다해 뛸 수 있게 되죠.

나는 지금 심심한 게 아니라 앞으로 나갈 준비를 하는 것이고, 지루한 게 아니라 나 자신과 차분한 대화를 나누는 거예요. 그 귀한 시간을 타인과 비교하며 아깝게 소모하지 마세요.

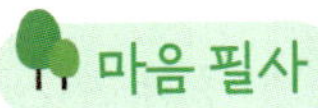 **마음 필사**

지루하고 심심할 땐 뭘 하는 게 좋을까?

나라서 다르고 특별한 게 뭐가 있을까?

내 꿈을 이루려면 지루한 이 시간에 어떤 준비를 해야 할까?

지루하고 심심할 땐 뭘 하는 게 좋을까?

진짜 경청은
무엇이 다른 걸까?

경청은 참 중요한 덕목입니다. 잘 들어야 새로운 것을 배울 수 있고, 잘 모르던 상대방의 마음도 이해할 수 있으니까요. 그런데 '잘 듣는다'라는 것은 대체 무엇을 의미하는 걸까요?

경청이란 모든 말을 다 주의 깊게 듣는 것을 의미하지 않습니다. 들어야 할 말이 아니라는 생각이 들면 냉정하게 귀를 막을 수 있는 용기가 필요합니다. 아무리 들어도 도움이 되지 않거나, 오히려 부정적인 영향을 주는 말이라면 적극 차단해야죠. 반대로, 내게 꼭 필요한 말이라는 생각이 들면 귀를 열고 좀 더 다가가는 자세가 필요합니다.

여러분에게 가장 중요한 건, 상대의 말이 들어야 할 말인지 아니면 들을 가치가 없는 말인지 구분할 수 있는 안목입니다. 어떤 일이든 실천은 쉽습니다. 무작정 뛰면 되죠. 다만, 무엇을 실천해야 하는지, 어디로 뛰어가야 하는지, 구분하는 안목을 갖는 게 가장 어렵죠. 다음 3가지 질문을 통해서 우리는 들어야 할 말과 들을 필요가 없는 말을 구분할 수 있습니다.

① 상대가 하는 말을 들으면 마음이 행복해지는가?
② 상대가 하는 말을 의심 없이 믿을 수 있는가?
③ 상대와 대화하면 시야가 넓어지는 느낌인가?

이 3개의 질문을 매일 반복해서 자기 자신에게 들려주면 들을 가치가 있는 말을 구분할 수 있는 최고의 안목을 가질 수 있습니다.

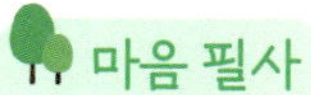 마음 필사

나는 어떤 말에 가장 큰 관심을 갖고 기울이는가?

가치 있는 말을 구분할 안목이 내게 있나?

내 말은 들을 가치가 있는 말일까?

하나를 선택하는 게
왜 힘든 걸까?

"너는 하나 선택하는 게 그렇게 힘드니?"

이런 말을 들으면 참 괴롭습니다. 용기가 없어서 하나를 선택하지 못하는 걸까요? 아니면 마음이 약해서 혹은 배려하는 마음 때문에 하지 못하는 걸까요? 모두 맞는 말일 수도 있지만 반은 틀렸어요.

간단하게 설명하면 이렇습니다. 우리는 스스로 생각한 삶의 원칙이 없을 때, 모든 선택 앞에서 망설이게 되죠. 방향을 정할 수 있게 돕는 원칙이 없어서 기준을 잡지 못하기 때문입니다. 분명한 삶의 원칙을 갖고 살아야 어떤 상황에서도 용기를 내서 하나를 분명히 선택할 수 있습니다. 그래서 제가 반은 틀렸다고 말한 겁니다.

이 사실을 늘 기억해 주세요. 원칙이 있어야 용기를 낼 수 있고, 하나를 선택해서 끝까지 밀고 나갈 수도 있습니다. 그래야 삶에 추진력이 생기고 기세도 강해지죠.

삶이란 결국 매일 내가 선택한 것이 모여서 이루어진 나만의 세계라고 말할 수 있어요. 선택은 어려운 것이 아닙니다. 선택이 어렵게 느껴진다면 그건 오히려 내 삶의 원칙이 너무나 흐릿하다는 증거입니다. 원칙이 선명해질수록 선택은 단호하고 분명해집니다.

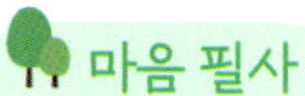 마음 필사

가장 선택하기 힘든 상황은 언제인가?

선택 앞에서 망설이는 이유가 뭘까?

분명하게 선택할 수 있는 삶을 살기 위해서 무엇이 필요할까?

승승장구하는 콘텐츠 크리에이터는 뭐가 다를까?

요즘에는 다양한 영역에서 활동하는 콘텐츠 크리에이터가 많죠. 여러분이 좋아하는 유튜버도 있고, 전문적으로 쇼츠나 릴스를 제작하는 사람들도 있습니다. 그런데 이상한 점이 있어요. 같은 주제의 콘텐츠를 비슷한 시간을 들여 제작하는데 왜 어떤 사람은 계속해서 인기를 얻고, 반대로 어떤 사람은 아무리 열심히 콘텐츠를 올려도 조회수가 나오지 않는 걸까요?

단순히 운이나 알고리즘 문제가 아닙니다. 분명한 차이점이 있죠. 이를테면 음식을 즐기는 콘텐츠라고 가정해 보죠. 승승장구하는 크리에이터들은 "이건 설명이 불가능한데, 먹어봐야 알 수 있어", "대박! 너무 맛있어", "나 완전 소름이야!" 이런 방식의 표현을 거의 하지 않습니다.

왜 그럴까요? 자신이 느낀 맛을 마치 그림을 그리듯 언어로 선명하게 표현할 수 있기 때문이죠. 그들은 "먹어봐야 알 수 있다"라고 하지 않고, 먹어보지 않아도 맛과 향기, 식감까지 짐작할 수 있게 뛰어난 어휘력과 표현력으로 설명해 줍니다. 모두가 "진짜 맛있네! 대박이야"라고 표현할 때 그들은 "이건 쫄깃쫄깃하지만 또 솜처럼 부드럽고, 입에서 순식간에 사라지지만 그렇다고 쉽게 무너지지는 않는 식감이야." 이런 식으로 섬세하게 표현합니다.

어떤가요? 단순히 읽는 것만으로도 상상이 되죠. 여러분이 좋아하는 콘텐츠 크리에이터들을 생각해 보세요. 표현력과 어휘력이 남들과 다르다는 사실을 깨닫게 될 겁니다.

다른 것을 보고 특별한 것을 경험하는 게 중요한 게 아닙니다. 같은 것을 봐도 자기만의 언어로 그림을 그리듯 생생하게 표현할 수 있어야 합니다. 그럼 누구든 많은 사람의 환영을 받게 됩니다.

마음 필사

내가 좋아하는 콘텐츠 크리에이터들의 공통점은 뭔가?

나는 보고 듣고 느낀 것을 선명하게 표현하고 있나?

나는 신조어를 너무 자주 사용하고 있지는 않나?

AI 시대를 살아가려면 어떻게 해야 할까?

앞으로 이런 직업은 사라지고 저런 직업이 뜬다거나, 인간이 할 수 있는 일을 인공지능이 전부 대체할 수 있다고 겁을 주는 말들이 여기저기에서 들려오고 있습니다. 여러분 생각은 어떤가요? 이게 전부 맞는 말일까요?

맞을 수도 있고, 틀릴 수도 있습니다. 우선 주변에서 들리는 불안한 말들은 소음으로 여기고 차단하세요. 그리고 차분하게 생각해 보세요. 인공지능 시대에서 오히려 더 멋지게 살아가려면 어떻게 해야 할까요?

단순히 인공지능을 이겨내는 수준을 넘어서 압도하며 활

용하는 사람이 될 수 있어야 합니다. 이기는 건 그리 중요한 일이 아니죠.

수준 높은 AI 기술 덕분에 우리는 아주 짧은 시간 동안 수많은 지식을 얻을 수 있습니다. 인공지능이 알아서 글도 써주고 숙제도 척척 해주죠. 그런데 뭔가 하나 걸리는 게 있지 않나요? 그래요, AI는 묻지 않으면 절대로 알아서 답하지 않습니다.

이 시대를 살아가려면 가장 중요한 것이 바로 '질문 능력'입니다. 그냥 질문이 아니라, 수준 높은 질문이 필요합니다. 질문의 수준이 곧 답의 수준을 결정하기 때문이죠.

그렇다면 질문은 어디에서 나올까요? 자신이 알고 있는 지식과 생각의 범위 안에서만 나옵니다. 결국 아무리 최고의 AI가 탄생해도, 나는 내가 가진 지식 그 이상의 내가 될 수 없다는 말입니다.

어느 시대든 마찬가지입니다. 중요한 건 나의 수준입니다. 내 생각과 내 콘텐츠, 그리고 내 철학과 원칙이 있어야 AI를 멋지게 활용할 수 있습니다.

나만의 콘텐츠는 어떤 게 있을까?

하루 중 내가 가장 자주하는 질문은 무엇인가?

내 삶의 철학을 딱 한 줄로 압축한다면?

실패는 성공의 어머니라는 말은 진짜일까?

정말 이상하죠. 어른들은 "실패가 성공의 어머니"라면서 실패의 힘을 강조하는데, 실제 느끼기엔 전혀 그렇지 않으니까요. 인생을 살아가면서 성공할 때도 있고 반대로 실패할 때도 있습니다. 실패를 통해 무언가를 깨닫는 건 참 중요하죠. 그 실패에서 무엇이라도 배울 수 있다면 모든 실패는 성공의 근거가 되지만, 아무것도 배우지 못하면 나를 망치는 근거가 되기도 합니다.

좋은 실패는 삶에서 유해한 것들을 깨끗하게 지워줍니다. 그런 실패를 경험하려면 어떻게 해야 할까요? 의미 부여를 어떻게 할 것인지가 매우 중요합니다.

‘요즘 잘 되는 게 없네, 운이 나쁜 것 같아. 그만 멈추라는 하늘의 신호 아닐까?’ 실패에 이런 식으로 의미를 부여하는 건 자신을 무너뜨리는 최악의 행동입니다. 실패했을 때 부정적인 의미를 부여하는 건 대부분, 그렇지 않아도 분투한 자신에게 더 큰 고통을 주는 걸로 끝나게 되죠. 이런 시각으로는 무엇도 배울 수 없겠죠.

하지만 반대로 이런 방식으로 긍정의 의미를 부여하면 이야기는 완전히 달라지죠. ‘이번 실패를 통해서 새로운 사실을 깨달았네!’, ‘모의고사에서 실수한 게 오히려 다행이다. 진짜 시험에서 실수했다면 큰일이었을 텐데. 난 역시 운도 좋아.’

같은 실수와 실패도 어떻게 해석하느냐에 따라 이렇게 무언가를 배울 수 있는 계기로 만들 수 있습니다. 부정적으로 부여한 의미는 오히려 자신을 망치지만, 긍정적으로 부여한 의미는 더 나은 내가 될 수 있게 격려해 줍니다.

사람은 누구나 실패하며 성장합니다. 실패했을 땐 최대한 긍정적으로 의미를 부여한 후 다음 도전을 준비하는 게 좋습니다. 실패를 통한 깨달음은 이미 실패한 순간 내 몸에 새겨졌으니까요. 나쁜 의미를 부여하지 않는다면 모든 실패는 성공의 어머니가 될 수 있습니다.

최근 가장 멋진 실패는 무엇이었나?

실패에 좋은 의미를 부여하려면 무엇이 필요할까?

앞으로 어떤 멋진 실패를 하고 싶은가?

과거의 결정을
후회할 필요가 있을까?

'그때 내가 왜 그런 선택을 했을까? 지금이었다면 다른 선택을 했을 텐데……'

어릴 때 했던 선택을 돌아보면 자꾸 후회만 됩니다. 부끄럽기도 하고 왜 그랬는지 이해가 되지 않을 때도 있죠. 왜 자꾸 다 지난 뒤에 과거를 후회하게 되는 걸까요?

아주 당연한 현상입니다. 여기서 반드시 이 사실을 알고 지나갈 필요가 있어요. 이제 와 돌이켜 보면 좀 부족하게 느껴지지만, 그 시절에는 그게 최선의 선택이었을 가능성이 높습니다. 그러니 너무 후회하지 말고 지금 현실에 최선을 다하는 게 지혜롭습니다. 지금 아무리 후회해도 돌아가서 다른 선택을 할 수는 없으니까요.

다만 이런 방법은 있습니다. 지금 좀 더 열심히 책을 읽고, 생각한 것을 글로 쓰면서 지적 수준을 높이는 거죠. 수준이 높아지면 이전에 본 적 없는 다른 것이 보이고, 후회의 수준까지 높아집니다.

모든 후회가 다 같지는 않습니다. 후회의 수준이 높아지면 단순히 '그때 내가 친구한테 왜 그랬을까?'라며 자책만 하는 수준에서 벗어나, '그때 친구에게 조금 실수는 했지만 덕분에 배려하는 방법을 배웠지'라고 생각하며 좀 더 나은 내가 될 수 있습니다.

후회라는 감정이 든다는 건 현실에 집중하라는 아주 강력한 신호입니다. 그 신호를 회피하지 말고 받아들이세요.

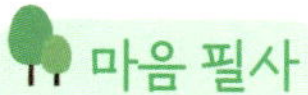

나는 과거의 일로 후회했던 적이 있나?

하루에 독서와 글쓰기를 얼마나 해야 할까?

지금 최선을 다하려면 하루를 어떻게 계획하는 게 좋을까?

왜 사람은
죽어야 할까?

제가 왜 '죽는 걸까?'가 아니라 '죽어야 할까?'라고 다소 극단적인 표현을 사용했을까요? 비슷한 말이지만 약간의 변화만 줘도 뉘앙스가 완전히 달라지죠. 그래서 섬세한 표현을 할 수 있는 사람들은 자기 생각을 100퍼센트에 가깝게 주변 사람들에게 전할 수 있습니다. 이 점을 기억하며 이야기를 들어주세요.

창조와 혁신의 대가 고 스티브 잡스는 "죽음은 삶이 만든 최고의 발명품"이라고 말했습니다. 이게 어떤 의미일까요? 그건 바로 '삶'이 '죽음'을 만들었다는 말이죠. 살아있으니 죽을 수 있는 특권을 가질 수 있는 겁니다.

이렇게 생각하니 삶이 참 고귀하게 느껴지죠. 실제로 그렇습니다. 살아 있다는 건 매우 특별하고 소중한 가치이니 현실에 집중해서 최선을 다해 살아야 합니다. 적당하게 대충 사는 건 소중한 내 생명에 대한 예의가 아니죠.

그래서 모든 생명에는 늘 죽음이라는 끝이 있습니다. 여러분도 생각해 보세요. 시작만 존재하고 끝은 없다면 세상은 어떻게 될까요? 아무도 최선을 다하려고 하지 않을 겁니다. 치열한 태도가 필요한 창조와 혁신은 당연히 기대할 수 없게 되죠. 어차피 죽지 않을 테니 시간이 무한하다고 생각해서 자꾸 뒤로 미루거나 결국에는 하지 않게 될 테니까요. 죽음이 없었다면 인류는 발전하지 못했거나 그 속도가 매우 느렸을 겁니다. 죽음이 곧 창조의 가장 센 동력이 된 거죠.

우리는 언제나 죽음을 기억해야 합니다. 그래야 내가 살아 있다는 사실에 기쁨을 느낄 수 있고, 변명과 핑계로 가득한 하루가 아닌, 좀 더 도전적인 정신으로 하루를 농밀하게 살아갈 수 있죠. 끝이 있어서 모든 시작은 더 빛나고 과정은 아름답습니다.

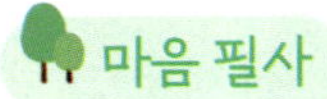 마음 필사

인간이 죽지 않고 영원히 산다면 세상은 어떻게 될까?

나는 내 생명에 대한 최소한의 예의를 지키며 살고 있나?

죽음을 생각하며 살면 하루를 대하는 내 태도가 어떻게 바뀔까?

Forest of Questions

단단한 내면의 소유자로 키우는 질문

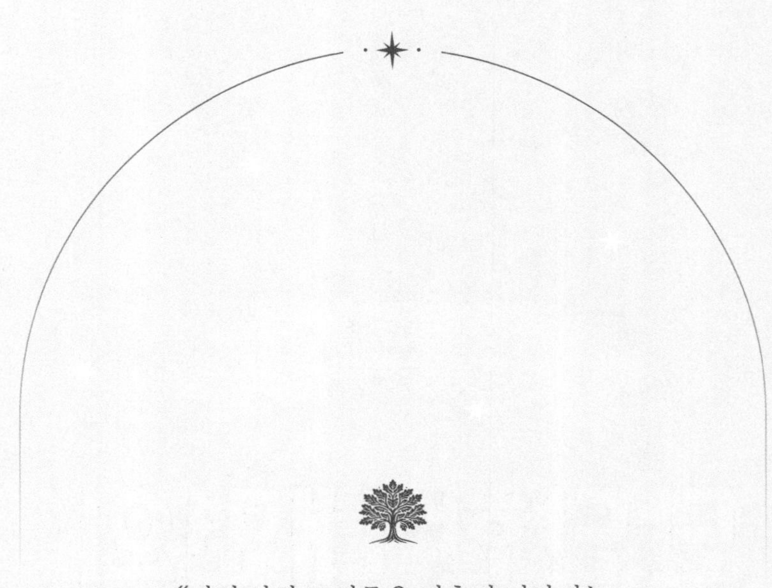

"어떤 사람도 질문을 멈추기 전까지는

바보가 되지 않는다."

찰스 프로티어스 스타인메츠

누가 단단한 내면의
소유자일까?

쉬지 않고 끝없이 달리는 사람과 중간중간 쉬며 자기 속도로 달리는 사람, 두 사람 중 어떤 사람이 단단한 내면의 소유자라고 생각하시나요?

누가 단단한 내면의 소유자인지는, 그들이 치열하게 질주할 때는 알 수 없습니다. 모든 경기가 끝난 후 쉴 때, 비로소 그들의 진가가 빛을 발합니다. 연약한 내면의 소유자는 마음 편히 쉬기는커녕, 뭐라도 하려고 안절부절못하죠. 하지만 단단한 내면의 소유자는 그간 고생한 자신에게 세상에서 가장 편안한 휴식 시간을 선물합니다.

치열하게 노력해야 할 때 자신을 믿고 질주했던 사람만이 모든 것이 끝난 후에도 다시 그런 자신을 믿고 아무것도 하지 않는 휴식의 시간과 공간을 즐길 수 있습니다.

이렇게 비유할 수 있겠네요. 학교에서 수학 시간에 영어 교과서를 꺼내 공부하고, 영어 시간에는 수학 교과서를 꺼내 공부하는 친구가 가끔 있죠. 해야 할 때 하지 못하면, 정작 쉬어야 할 때 쉬지 못하고 엉뚱한 것을 하게 되죠. 이렇게 잘못된 방향으로 24시간 내내 치열하게 달리는 사람이 나약한 내면의 소유자입니다. 스스로를 믿지 못해서 자신에게 쉴 시간을 허락하지 못하죠. 쉬는 내내 눈치를 보며 끊임없이 무언가를 해야만 불안한 마음을 잠재울 수 있기 때문입니다.

상황이 어떻게 변하든 상관없이 자신을 굳게 믿는 단단한 내면의 소유자는 차분하게 자신을 바라보며 늘 웃는 얼굴로 하루를 살아갑니다. 진짜 단단한 사람은 무거운 물건을 들 수 있는 힘센 사람이 아니라 자신의 욕심을 내려놓고 차근차근 해내는 사람입니다. 나라는 존재가 짐처럼 느껴지지 않게 항상 스스로를 배려하는 마음이 필요합니다.

열심히 해도 늘 불안한 이유는 뭘까?

단단한 내면의 소유자는 하루를 어떤 방식으로 살까?

나는 힘들 때 어떤 방식으로 나 자신을 배려하나?

여기가 끝이라는 생각은
왜 나쁜 걸까?

"됐어, 더는 나도 불가능해!"

"이 정도면 됐어. 우린 충분히 노력했어."

미리 한계를 정하면 어떻게 될까요? 물론 애쓴 결과가 늘 좋을 수는 없으니 자신을 너무 힘들게 만들 필요는 없어요. 문제는, 아직 더 할 수 있는 힘이 충분히 남아 있는데 성급하게 자신에게 만족이라는 달콤한 선물을 주는 것입니다.

모든 길의 끝에는 낭떠러지가 있습니다. 끝이라고 생각하면 앞으로 남은 건 추락하는 것뿐입니다. 사람들 대부분 자신이 마음먹은 만큼만 해낼 수 있습니다. 여기가 끝이라는 생각은 마음속에 "네 한계는 여기까지야. 더 나갈 생각하지 마!"라고 명령하는 것과 같아요. 스스로 정한 한계 속에서 적당히 살게 만들죠. 그게 과연 자기 성장과 발전으로 이어질 수 있을까요?

두뇌는 혼자 생각할 수 없습니다. 오직 인간의 명령으로 더 나아질 수도 반대로 후퇴할 수도 있죠. 내가 여기가 끝이라고 말하면 두뇌도 여기가 끝이라고 생각하고 멈춥니다.

현재의 나는 내가 지금까지 반복한 생각과 행동의 합입니다. 내가 살아갈 수준을 계속해서 높이고 싶다면 '끝'이라는 단어는 최대한 아껴서 사용하는 게 좋습니다. 단어를 대하는 태도를 바꾸면 인생도 거기에 맞게 바뀌죠. 실제 사람이 가진 능력의 차이는 크지 않습니다. 중요한 건 그 사람의 태도입니다. 태도의 차이가 곧 능력의 차이를 결정하는 셈이죠.

성장의 판단 기준은 그 사람이 이룬 결과를 보며 판단하는 게 아니라, 포기하지 않고 지켜낸 일관성을 들여다보는 것입니다. 대충 어설프게 일을 처리하는 태도는 성격까지 나약하게 만듭니다. 나약한 성격은 인생의 수준까지 낮게 만들죠. 악순환이 되는 것입니다.

나는 스스로 나의 한계를 결정한 적이 있나?

두 번, 세 번 더 노력하면 결과가 어떻게 바뀔까?

'끝'이라는 단어를 어떻게 사용해야 인생에 도움이 될까?

뭐든 당연하게 여기는 마음은
인생을 어떻게 만들까?

세상에는 마치 공기처럼 당연히 내게 주어지는 거라고 생각되는 것들이 참 많습니다. 부모님이 매일 밥상을 차려주시는 것, 수업 시간이 아닐 때도 모르는 것을 선생님이 가르쳐 주시는 것, 힘든 상황에 놓인 친구가 내게 다정한 말을 들려주는 것……. 이 모든 것은 결코 당연한 것이 아닙니다. 부모님과 선생님, 친구에게도 다른 해야 할 일들이 아주 많이 쌓여 있습니다. 세상에 당연한 일은 아무것도 없습니다. 그 사실을 제대로 모르는 사람은 평생 무엇을 받든 당연한 거라고 착각하며 살게 되죠.

예를 하나 들어보겠습니다. 맞벌이하시는 부모님이 매일

새벽에 일어나 정성을 다해 식사를 준비하는 이유는 시간이 남거나 다른 할 게 없어서가 아닙니다. 여러분에게 정성을 다한 음식을 선물하는 게 가장 중요한 일이라고 생각하기 때문이죠. 그게 아니었더라면 조금 일찍 집에서 나와 여유롭게 출근할 수 있었겠지요.

그래요, 모두가 마찬가지입니다. 당연하게 준 게 아니라, 모두 자신의 어떤 부분을 포기하고 여러분에게 준 것입니다. 그걸 알고 사는 것과 모르고 사는 건 큰 차이입니다. 모든 게 당연하다고 생각하면 감사할 줄 모르게 됩니다. 인간이 누릴 수 있는 기쁨의 절반 이상을 모른 채 사는 것과 같죠.

한번 생각해 보세요. 좋은 신발을 신지 못하는 것에 분노하고 부끄럽게 생각하고 있을 때, 거리에서 발이 없는 사람을 만나게 되면 어떤 생각이 들까요? 신발을 신고 길을 걸을 수 있다는 것은 결코 당연한 것이 아닙니다. 일단 걸어갈 길이 있고, 걸어갈 수 있는 다리가 있어서 가능한 거죠. 세상에 당연한 것은 하나도 없습니다. 모든 것은 세상이 내게 준 아름다운 선물입니다.

그간 당연하다고 생각했던 것이 무엇인가?

왜 나는 그게 당연하다고 생각했던 걸까?

소중한 사람들에게 어떤 마음을 주면서 살아야 할까?

기분이 태도가 되지 않는 사람은
어떤 하루를 보낼까?

평소 대본을 아예 암기할 정도로 완벽하게 숙지하고 촬영에 임하는 한 배우가 하루는 컨디션이 좋지 않았는지 연기를 하는 내내 실수를 반복했습니다. 스스로도 연기에 만족하지 못했죠. 그때 그 모습을 지켜보던 상대 선배 배우가 날카로운 목소리로 말했습니다.

"네가 대본을 완벽히 못 외워서 그래. 다음부터는 제대로 하자."

만약 여러분이 이런 조언을 들었다면 기분이 어땠을까요? '나도 대본을 완벽하게 암기하고 연기한다고 이미 소문까지 난 사람인데, 하루 정도 실수한다고 너무하는 거 아냐?' 아마 이렇게 생각했을 가능성이 높습니다.

이런 생각 자체가 나쁜 건 아닙니다. 혼자 생각하는 것이니 상대는 알 수 없으니까요. 하지만 문제는 그런 생각을 하면서 스스로 기분을 망친다는 사실입니다. 내 기분은 내 것입니다. 기분대로 사는 건 좋지만, 기분에 휘둘려 그날 하루를 완전히 망친다면 그것이야말로 최악입니다.

저 배우는 어땠을까요? 속으로 분노하거나 화를 내는 대신 이런 말을 자신에게 들려주었습니다. '좋은 조언이야. 앞으로는 컨디션이 안 좋을 때도 마찬가지로 잘할 수 있도록 좀 더 완벽하게 대본을 암기하자. 내가 조금 부족했었네.'

이렇게 말하면 그날 하루가 어떻게 변할까요? 그래요, 모든 순간을 행복과 깨달음의 지점으로 만들 수 있습니다.

늘 기분이 좋을 수는 없어요. 특히 원하지 않는 조언을 듣게 되면 누구나 기분이 나빠집니다. 하지만 이렇게 같은 조언을 들어도 우리는 다른 태도를 선택할 수 있죠. 배우려는 마음과 지혜롭게 살고 싶은 마음을 품고 살면 언제든 그런 태도를 선택할 수 있습니다.

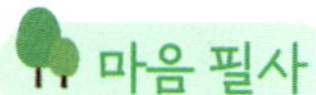

기분이 태도가 되어 하루를 망친 경험이 있나?

좋은 기분을 유지하려면 어떻게 해야 할까?

태도가 올바른 사람들에겐 어떤 특징이 있을까?

지혜로운 사람은
왜 쉽게 화내지 않을까?

　자신의 감정을 잘 제어하며 매사에 현명하게 판단하는 사람들은 웬만하면 화를 내지 않습니다. 이유는 간단해요. 화가 나지 않아서 내지 않는 게 아니라, 화를 내도 아무런 소용이 없다는 사실을 잘 알고 있어서 그렇습니다.

　화를 낸다고 상황이 바뀌는 것도 아니고, 풀리지 않던 문제가 갑자기 풀리는 것도 아닙니다. 여러분도 경험으로 잘 알고 있죠? 오히려 내가 누군가에게 화를 내면 상대방은 내게 나쁜 감정을 갖게 되죠. 화는 대개 더 큰 화를 부르곤 합니다.

　이 모든 것을 다 고려하면 굳이 화를 낼 필요가 없다는 결

"

론에 도달하게 됩니다. 그래서 생각이 깊은 지혜로운 사람들은 굳이 화를 내지 않죠.

이런 상상을 한번 해보죠. 한 달 후에 달리기 시합이 열린다는 소식을 듣고, 한 달 내내 매일 연습했습니다. 자, 이제 시합 당일입니다. 정말 열심히 준비했으니 기대도 크겠죠. 그런데 어쩌죠. 최선을 다해 달리다가 결승선을 코앞에 두고 그만 돌에 걸려서 넘어졌습니다. 당연히 누구라도 화가 나겠죠.

이럴 때 나를 넘어지게 만든 돌에게 화를 내야 할까요? 불같이 화를 내면 돌이 사과를 할까요? 아니면 결과가 바뀌어서 내가 1등이 될 수 있을까요?

화를 내서 결과가 바뀔 수 있다면, 백번이라도 화를 내겠지만, 이미 일어난 일이라면 그리고 바꿀 수 없는 일이라면 그저 바로 잊는 게 가장 좋습니다. 최선을 다해 준비했지만, 내가 어찌할 수 없는 상황 때문에 일어난 일이니까요. 지혜로운 사람들은 화를 내지 않고 차분한 마음을 유지합니다.

산다는 건 어디에 돌부리가 있는지 알 수 없어서 참 위험합니다. 잘 달리다가도 돌에 걸려서 넘어질 수 있으니까요. 그래서 지혜로운 사람들은 늘 지금 이 순간을 최대한 즐기려고 하죠. 언제 누가 내 기분을 망칠지 알 수 없는 게 인생이니, 웃을 수 있을 때 충분히 웃으며 즐기는 게 최고입니다.

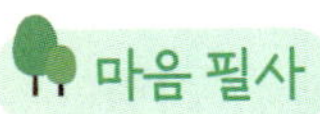 마음 필사

가장 화날 땐 언제인가?

화를 내면 누가 가장 손해를 볼까?

차분한 마음을 유지하려면 어떻게 해야 할까?

나도 틀릴 수 있다는 생각은
왜 중요할까?

"넌 왜 그것도 이해 못 해?"

'이해'라는 주제는 언제나 참 어렵습니다. 주변에는 서로 이해하지 못해서 생기는 분쟁과 다툼이 참 많죠. 그렇기에 '나도 틀릴 수 있다'라는 생각이 중요합니다. 오해가 생기는 이유는 대부분 내가 정답이라고 생각하기 때문이죠.

오해와 이해의 간극은 마치 시력의 차이와 같습니다. 이를테면 안경을 쓰지 않았을 때 시력이 1.0인 친구와 0.1인 친구는 당연히 보이는 게 다릅니다. 시력이 좋은 친구의 눈에는 선명하게 보이는 것들이 시력이 안 좋은 친구의 눈에는 흐릿하게 보이죠. 눈에 보이는 것이 서로 다르다면, 그 두 사람이 서로 이해하고 있는 세상도 다를 수밖에 없습니다. 이해는 참 힘든 일이죠. 그렇다고 같은 것을 봐야 한다고 강요할 수도 없고요. 그럴 때 '나도 틀릴 수 있다'라고 생각하면 상대의 눈으로 세상을 바라볼 수 있어서 이해의 간극을 줄일 수 있습니다. 그 사람의 입장에서 바라보고 그 사람의 생각으로 고민해 보려고 노력하기 때문이죠.

같은 것을 보면서도 다르게 생각한다면, 그렇게 된 분명한 이유가 존재합니다. 다르다고 외면하지 말고 왜 다른지 차근차근 이해하려는 노력을 해야 합니다. 한 사람의 인생은 그가 지금까지 살아오며 생각한 모든 것의 합이기 때문입니다.

① 저 친구는 왜 그렇게 생각할까?
② 뭐가 저 친구를 이렇게 만든 걸까?
③ 친구를 좀 더 이해하려면 난 무엇을 해야 할까?

이 3개의 렌즈를 끼고서 친구를 바라보면, 매일 조금씩 더 이해할 수 있게 됩니다. 내 의견만 고집하면 내가 만날 수 있는 세상이 자꾸만 좁아질 수밖에 없습니다. '나도 틀릴 수 있다.' 이 생각을 잊지 마세요.

마음 필사

왜 같은 것을 보면서도 다른 생각을 하는 걸까?

이해할 수 없는 친구를 이해하려면 어떻게 해야 할까?

요즘 내가 이해할 수 없는 것은 무엇이 있나?

질투를 어떻게
활용하는 게 좋을까?

옆에 글을 정말 잘 쓰는 친구가 있다면 여러분은 어떤 생각을 하나요? 저는 '어떻게 하면 저 친구처럼 글을 잘 쓸 수 있을까?' 이 질문을 저 자신에게 가장 먼저 던집니다. 정말 소중한 능력이라 꼭 배우고 싶거든요.

하지만 질투의 시선으로 바라보는 사람은 가장 먼저 어떤 생각을 할까요? '뭐야, 나보다 잘난 것도 없는데 운도 좋네', '환경이 좋으니까, 좋은 학원에 다니니까 그런 거지 뭐!' 이런 식으로 판사가 판결 내리듯 자꾸만 타인의 장점이나 잘한 부분을 평가합니다. 게다가 그 평가는 늘 부정적인 뉘앙스를 품고 있어서 자신에게 아무런 도움이 되지 않죠. 그럼 어떤 태도가 도움이 될까요?

늘 배우는 자세를 유지하는 사람은 아주 사소한 것 하나에서도 내 눈에만 보이는 깨달음을 얻습니다. 이런 태도를 갖춘 사람은 어린아이에게도 배울 점을 찾습니다. 그러니 당연히 하루하루가 새로운 기쁨으로 가득하고 삶은 더욱 다채롭겠죠.

질투가 나쁜 이유는 나 자신에게 부정적인 영향을 주기 때문입니다. 이제는 질투하면서 상대의 성취를 깎아내리지 말고 질투가 나는 그 점을 배우려고 해보세요. 질투를 활용하는 거죠. 그럼 여러분이 머무는 모든 공간은 세상에서 가장 창의적인 일상의 교실이 될 거예요.

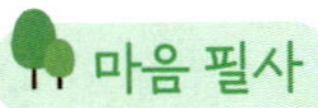 마음 필사

요즘 누군가를 질투한 적이 있나?

질투하면서 어떤 감정을 느꼈나?

질투를 활용해 뭔가 배우려면 어떻게 해야 할까?

우리는 왜
후회할 짓을 하는 걸까?

먼저 하나 묻겠습니다. 후회는 나쁜 걸까요? 생각보다 많은 사람이 후회를 부정적인 감정이라고 생각합니다. 저는 그걸 착각이라고 말하고 싶네요. 생각해 보죠. 우리는 왜 후회하게 되는 걸까요?

후회가 밀려든다는 것은, 내가 그간 그 일에 최선을 다했다는 증거입니다. 최선을 다하지 않았다면, 후회하지도 않았을 겁니다. 일의 시작과 그 과정이 기억에 남아 있지 않았을 테니까요. 더 나아지려는 아름다운 욕망을 가진 사람만이 '후회라는 대지'를 만날 수 있습니다. 거기에서 자신의 지난날을 돌아보며 후회하고, 더 나은 다음을 기약하죠. 그래서 후회는 결코 부정적인 감정이 아닙니다. 좀 더 섬세하게 표현하자면, 후회한다는 건 노력에 대한 후회가 아니라, 선택에 대한 후회를 말합니다. 내가 한 선택을 후회하며 우리는 삶의 다양한 부분을 생각하는 동시에 이해할 수 있는 반경이 점점 더 넓고 깊어지게 되죠. 얻을 게 무엇이고 잃을 게 무엇인지 알게 됩니다.

"너 후회할 짓 하지 말라고 했지!", "남들처럼 해, 그러다가 나중에 후회한다", "꿈이 너무 큰 거 아냐? 나중에 후회하지 말고 적당히 살자" 주변에 이런 말을 하는 사람이 많을 겁니다. 절대 주눅 들지 마세요. 물론 걱정에서 나온 말도 있겠지만 그런 말에 주눅 들어서 아무것도 하지 않고 산다면 그게 나중에 더 후회스러운 선택이 될 겁니다.

자신의 성장을 상상할 수 있어야 후회도 할 수 있습니다. 성장을 목표로 삼았기 때문에 과거를 돌아보며 후회도 하게 되는 겁니다. 이 외에도 후회에는 짐작도 못 한 다양한 장점이 참 많습니다.

그런데, 정말 하지 말아야 할 후회가 딱 하나 있습니다. 그건 자신에게 인생을 바꿀 기회가 찾아왔는데 망설이다가 결국 그 기회를 놓치는 것입니다.

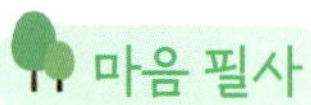 마음 필사

왜 사람들은 후회가 나쁜 것이라고 생각할까?

후회하면서 나는 무엇을 새롭게 알게 되나?

나는 지금 멋진 후회를 하며 살고 있나?

자기만의 철학이 있는 사람은
과연 무엇이 다를까?

"저는 저를 싫어하는 사람까지 저를 좋아하게 만들 정도로 대인배가 아닙니다. 저를 싫어하는 사람은 저도 안 좋아하면 그만입니다."

나를 싫어하는 사람을 만나면 어떻게 하겠냐는 질문에 대한 가수 아이유의 지혜로운 답입니다. 유명인에게는 수많은 일이 생깁니다. 온갖 종류의 악플과 상상도 힘든 기분 나쁜 소문도 끊이지 않죠.

그럼에도 아이유가 오랫동안 대중의 사랑을 받으며 그 자리를 지켜올 수 있었던 이유는 흔들리지 않고 좋은 태도를 유지

했기 때문이죠. 그 중심에 과연 무엇이 있을까요?

위의 답변에서 짐작했겠지만, 아이유에겐 온갖 괴로움과 고통을 깔끔하게 지워낼 수 있는 자기만의 철학이 있었습니다. "나는 대인배가 아니라 나를 싫어하는 사람은 나도 싫어하면 된다"라는 명답이 그 사실을 증명하죠. 평소 작사와 노래를 통해 키운 어휘력과 표현력은 자기만의 철학을 더욱 빛나게 만들어 줍니다.

한번은, 수학능력시험에서 만점을 받은 학생의 인터뷰 영상을 봤습니다. 그 학생은 고등학교에 다니던 3년 내내 모의고사에서 늘 1등급을 받았죠. 그런데 불안하게도 수학능력시험을 앞둔 마지막 모의고사에서 2~3등급 정도의 점수를 받았습니다. 얼마나 마음이 힘들었겠어요?

그런데 그 학생은 당시 성적표를 받자마자 좋아서 웃었다고 합니다. 이유를 묻자 이렇게 답했죠. "사람이 살면서 한 번은 실수를 하는데, 그게 수학능력시험이 아닌 모의고사라서 참 다행이었어요. 역시 잘 되는 사람은 다 이유가 있나 봐요."

단순히 높은 자존감이나 긍정적인 성향을 가져서 할 수 있는 말일까요? 아니면 좋은 성적에서 나오는 여유일까요?

전혀 그렇지 않습니다. 자기만의 철학이 있기에 할 수 있는 말입니다. 그리고 이런 철학은 그냥 만들어지는 게 아닙니다. 누구나 떠올릴 순 있어도 직접 말로, 문장으로 표현하는 것은 전혀 다른 영역의 일입니다. 마음속에 품고 있는 생각을 나의 언어로 생생하게 표현하는 연습을 해야 합니다.

꼭 기억하세요. 절망을 이길 수 있는 건 오직 희망뿐이며, 희망은 스스로 만드는 자기만의 철학에서 꽃핀다는 것을요.

용기
친구
희망
배려
기쁨
미소
행복
즐거움
나눔
따뜻함

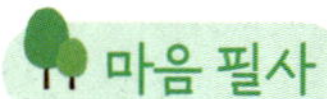

자기만의 철학이 필요한 이유는 무엇일까?

너무 힘들 때 나는 나를 어떤 말로 위로하나?

내 삶의 철학을 한 줄로 표현한다면 뭐라고 쓸 것인가?

불행은
왜 일어나는 걸까?

우리는 살면서 자주 포기하고 싶은 순간을 맞이합니다. 누구든 마찬가지입니다.

'나한테 공부가 맞지 않는 걸까?'

'내가 정말 제대로 하고 있는 걸까?'

'다른 사람들보다 너무 더딘 건 아닐까?'

이런 온갖 고민은 오히려 스스로 불행하다고 느껴 멈추게 만듭니다. 그럴 땐 자기 자신에게 이런 따스한 말을 들려주는 게 좋아요.

"내가 노력하며 보낸 시간을 아무도 몰라줘도 괜찮아. 열심히 노력했다는 사실은 누구보다 내가 가장 잘 알고 있으니까.”

잘하고 싶은데 마음처럼 되지 않는다고 자신을 너무 심하게 몰아붙이지 마세요. 나도 최선을 다한 결과니까요.

인생에서 발생하는 대부분의 불행은 자신이 노력한 과정을 남이 알아주길 바라는 마음에서 나옵니다. 그런 마음을 버리고, 내가 알고 있으니 됐다고 생각해야 불행의 크기와 빈도를 줄일 수 있습니다. 불행한 시간을 견디며 우리의 내면은 더 단단해집니다. 더 큰 내가 되기 위해 반드시 필요한 시간인 셈이죠.

이 말을 꼭 들려주고 싶어요. 내가 내딛는 걸음 하나하나는 나만의 걸음이라 더욱 귀합니다. 오늘도 묵묵히 자신의 길을 걷는 여러분, 그게 뭐든 스스로 소중하게 여기고 오랫동안 공들인다면 불행은 더 이상 불행이 아니게 됩니다.

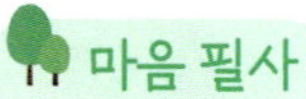 마음 필사

지금까지 살면서 언제 가장 불행했나?

왜 불행은 나를 찾아오는 걸까?

불행한 시간을 견딘 사람은 어떻게 성장할까?

오늘 꼭 해야 할 일을 미루면
내일 어떻게 될까?

'저 사람은 진짜 매사에 부정적이네.'

'왜 좋은 의도를 나쁘게 해석하는 걸까?'

간혹 이런 생각이 들게 하는 사람을 보면 기분이 어떤가요? 정말 답답하고 당장 그 자리에서 벗어나고 싶다는 생각이 들죠. 그런데 처음부터 세상과 사람을 부정적으로 바라보는 사람은 별로 없어요. 모든 건 다 순서가 있죠. 그 시작은 대체로 '미루는 습관'입니다. 누구든 미루는 게 습관이 되면, 매사에 부정적인 생각을 하게 됩니다. 주로 이런 3단계 과정을 거치죠.

이처럼 그날그날 주어진 일을 하지 않고 내일로 미루면, 내일은 내일 해야 할 일에 더해서 어제 못한 일까지 해내야 합니다. 당연히 다 해내지 못할 가능성이 높아지죠.

그렇게 계속 일을 뒤로 미루다 보면 자기가 미룬 건 생각하지 않고 "나만 할 게 많아! 불공평하잖아!"라며 세상 탓을 하게 됩니다. 한 번 미룬 게 악순환이 되고, 결국 나를 망치는 결과를 만들게 되죠.

할 일이 많은 날에는 어쩔 수 없이 일을 미루게 되기도 합니다. 그러니 과도한 목표나 계획은 오히려 좋지 않아요.

여기에서 중요한 태도는 완벽하게 준비한 후에 시작하려는 생각을 버려야 한다는 것입니다. 일단 시작해서 완성해야지, 모든 것을 완벽하게 준비한 다음에 시작하려고 하면 시작 자체를 하지 못하고 자꾸 내일로 미루게 되니까요.

나쁜 건 왜 늘 악순환이 되는 걸까?

매사에 부정적인 사람이 되지 않으려면 무엇을 실천해야 할까?

미루는 습관을 고치려면 어떻게 해야 할까?

지치지 않고 끝까지 가는
사람은 뭐가 다를까?

무엇을 시작해도 중간에 지치지 않고 끝까지 해내는 친구들이 있죠. 비결이 뭘까요? 남들보다 체력이 강하거나 능력을 타고난 걸까요? 그들도 마찬가지로 힘듭니다. 다만 다른 사람과 다른 건, 때에 맞게 자신에게 지혜로운 말을 들려준다는 거죠.

이를테면 힘든 나에게 "할 수 있을 거야"라는 응원의 말을 들려주는 것도 좋지만, "잘되지 않아도 괜찮아"라는 이불처럼 포근하게 안아주는 위로의 말을 들려주는 거죠. 너무 힘들 땐 기댈 수 있는 어깨와 같은 말이 필요하니까요.

그런 능력을 가진 사람들은 책과 세상, 그리고 자기 자신을 읽을 줄 압니다. 당장 눈에 보이지 않는 그 속에 담긴 것을 발견할 수 있으니 부족한 것과 필요한 것이 무엇인지도 알고 건네죠. 그 중요성을 3가지로 소개하면 이렇습니다.

① 책을 읽을 수 있는 사람은 지혜로운 하루를 살 수 있다.
② 세상을 읽을 수 있는 사람은 풍성한 하루를 만끽할 수 있다.
③ 자기 자신을 읽을 수 있는 사람은 차분한 하루를 즐길 수 있다.

지치지 않고 뭐든 끝까지 해내고 싶다면, 책과 세상 그리고 나 자신을 읽어보세요. 전혀 다른 지점이 보일 겁니다. 우리는 보이는 걸 읽는 게 아니고, 읽을 수 있을 때 그걸 볼 수 있어요. 매우 중요한 이야기입니다.

더 많은 것을 읽고 마음에 담아야 내가 지칠 때 혹은 무기력할 때, 가장 적절한 위로의 말을 나에게 들려줄 수 있어요. 의지력이 강해서라기보다는, 지금 이 순간 나에게 꼭 필요한 말을 들려줄 수 있어서 끝까지 갈 수 있는 거예요.

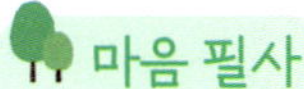 마음 필사

내 인생의 책은 무엇인가?

세상을 읽는다는 건 과연 어떤 느낌일까?

지금 내게 힘을 주는 한마디는 무엇인가?

스스로 생각하는 힘을 키워주는 70가지 성장의 씨앗

질문의 숲

초판 1쇄 발행 2025년 9월 10일
초판 3쇄 발행 2025년 11월 3일

지은이 김종원
펴낸이 김선준

편집이사 서선행
책임편집 김송은 **편집1팀** 이주영, 천혜진
디자인 김세민
마케팅팀 권두리, 이진규, 신동빈
홍보팀 조아란, 장태수, 이은정, 권희, 박미정, 조문정, 이건희, 박지훈, 송수연, 김수빈
경영관리 송현주, 윤이경, 임해랑, 정수연

펴낸곳 ㈜콘텐츠그룹 포레스트 **출판등록** 2021년 4월 16일 제2021-000079호
주소 서울시 영등포구 여의대로 108 파크원타워1, 28층
전화 02)332-5855 **팩스** 070)4170-4865
홈페이지 www.forestbooks.co.kr
종이 ㈜월드페이퍼 **출력·인쇄·후가공·제본** 한영문화사

ISBN 979-11-94530-63-3 (43190)

- 책값은 뒤표지에 있습니다.
- 파본은 구입하신 서점에서 교환해드립니다.
- 이 책은 저작권법에 의하여 보호를 받는 저작물이므로 무단 전재와 복제를 금합니다.

㈜콘텐츠그룹 포레스트는 독자 여러분의 책에 관한 아이디어와 원고 투고를 기다리고 있습니다. 책 출간을 원하시는 분은 이메일 writer@forestbooks.co.kr로 간단한 개요와 취지, 연락처 등을 보내주세요. '독자의 꿈이 이뤄지는 숲, 포레스트'에서 작가의 꿈을 이루세요.